# 不动气的
# 正向育儿课

黄咏诗◎著

中国纺织出版社有限公司

本书中文繁体字版本由万里机构出版有限公司在中国香港出版，今授权中国纺织出版社有限公司在中国大陆地区出版其中文简体字平装本版本。该出版权受法律保护，未经书面同意，任何机构与个人不得以任何形式进行复制、转载。

项目合作：锐拓传媒 copyright@rightol.com

著作权合同登记号：图字：01-2022-1866

### 图书在版编目（CIP）数据

不动气的正向育儿课／黄咏诗著. --北京：中国纺织出版社有限公司，2022.6
ISBN 978-7-5180-9433-2

Ⅰ.①不⋯ Ⅱ.①黄⋯ Ⅲ.①儿童教育—家庭教育 Ⅳ.①G782

中国版本图书馆CIP数据核字（2022）第048198号

责任编辑：邢雅鑫　　责任校对：高 涵　　责任印制：储志伟

中国纺织出版社有限公司出版发行
地址：北京市朝阳区百子湾东里A407号楼 邮政编码：100124
销售电话：010—67004422　传真：010—87155801
http://www.c-textilep.com
中国纺织出版社天猫旗舰店
官方微博 http://weibo.com/2119887771
天津千鹤文化传播有限公司印刷　各地新华书店经销
2022年6月第1版第1次印刷
开本：880×1230　1/32　印张：6
字数：92千字　定价：42.80元

凡购本书，如有缺页、倒页、脱页，由本社图书营销中心调换

 **推荐序**

## 怎样说话才更有效

妈妈气得涨红了脸,冲进儿子的房间,把电源拔掉后大喊:"半夜啦!叫你先做作业,讲得我口水都干了,你还在打游戏不做作业……"

儿子也非常生气,紧握双拳尖叫:"我正在围攻敌人,你害得我失去了重要阵地……"母子俩每晚都在争吵。

以上的情况也许每天都在他家、你家和我家发生,父母既生气又沮丧,更不知如何是好。

倘若换另一种处理方法,妈妈本来跟孩子说好再过15分钟就要关电视。快15分钟了,孩子还在兴高采烈地看。

妈妈微笑着,语气温柔地说:"到时间啦!"

孩子:"等一下!快完了,能不能多看一会儿?"

妈妈摸着孩子的头说:"你很喜欢这部动画片呀!"

孩子:"是呀,这部动画片很好看!"

妈妈:"不过今天你好像有很多作业?"

孩子:"是的……"

妈妈:"其实我也希望你继续看,但如果这样,你就没有时间做作业了!"

孩子:"可是……"

妈妈:"不如今天先做作业,等到之后作业少了,有时间了,妈妈再跟你一起看呀!"

孩子虽然有点不情愿,但还是乖乖地关掉电视开始做作业。母子相处融洽。

要事情怎样发生、达到什么效果,我们是可以选择的。各种专家之言、教育理论大家也许看过不少,然而实践起来总是不尽人意。

这本书深入浅出地阐述了:我们应以正向亲子的概念与态度、不忘孩子快乐成长的初心、调节对孩子的期望、管好自己的情绪、以肯定及赏识的方法教养我们的新一代,建立良好的亲子关系,也让孩子愉快地学会各种生存及人际关系的技巧。

此书文笔轻快、幽默,是新手父母在育儿过程中感到迷惘时一本难得的参考用书。

曾繁光

# 前言

**如果我的父母也这样对我说话就好了……**

在一次会诊中,有位妈妈单独来了,没有带她的两个孩子,她来的原因是在教育孩子的过程中,常常因太"烦躁"而说了伤害孩子的话。大儿子读小学,活泼好动却不爱守规矩,妈妈单是处理他和妹妹打打闹闹的事就生气了很多次,什么难听的话都说过。孩子哭了,妈妈又心疼起来,每天晚上都告诉自己不要再骂孩子了。第二天醒来,看到孩子不听话、不守规矩,结果又忘记了前一晚的内疚。她和不少父母一样,当孩子在街上哭闹时、拖延功课时、情绪爆发时,就会感受到"我实在正向不起来,也不知如何正面管教孩子"的疲劳,难以维持原本希望正面育儿的初心。

现在新一代的父母都想以更正向的方法育儿,不希望只以权威命令孩子服从,令亲子关系增添压力。然而,你是否发现实行起来并不容易呢?刚才提到的那位妈妈,她是家中的长女,从小被教育要守规矩做好榜样,也要在生活上迁就弟弟妹妹,这份原生家庭的价值观,即使她不完全认同父母严厉的话语,但也反映在自己的育儿过程中了。再加上育儿的过程中会有太多生活上的问题与困扰，结果就忘记了孩子在自己的肚子里时，她曾经期盼的幸福家庭生活，以及希望给予孩子的满满爱心。那位妈妈一边在理解自己应该如何使用正向沟通时，一边在想"如果我的父母也会这样对孩子说话就好了……"

　　正向育儿，不等于完全迁就孩子而不教育。正向育儿是指我们教育孩子的同时，也照顾彼此的感受，彼此包括孩子、父母和其他照顾者。在正向育儿中，良好的沟通是十分重要的——良好的沟通方法可以以正向角度展现教育孩子的说法与做法，否则会把希望孩子变好的心变成孩子的心灵重担，长此以往就会影响孩子的心理健康。

　　从开始接触儿童心理学到成为临床心理学家，我遇见过很多有不同困难的家庭和有不同障碍的孩子，我一直相信不论有什么困难与障碍，总是会有方法令大家感到幸福和快乐的。正向育儿如果使用得恰当，不仅可以正向改善孩子的行为、增进亲子关系，也可以让孩子从父母的肯定中变得更自信，协助孩子以正向的态度面对人生未来的挑战。

　　这本书比较着重正向育儿中的"正向说法"与"正向做法"，让你可以把情理兼备的正向育儿实践在生活中，并从情绪教育的角度提升孩子的抗逆能力，让管教不再流于压力，让父母与孩子在管教的过程中都能感到幸福！

## 爸爸妈妈关心的育儿问题速查

### 👉 让你更了解孩子的心理

- 孩子为什么会明知故犯，继续做出父母不喜欢的行为呢？
  ➡ 做错事反而更容易得到关注（p.4）
- 如何分辨孩子的闹情绪是不合作还是有心理需要？
  ➡ 分辨不合作还是闹情绪的三个重点（p.16）
- 孩子越罚越难教，是哪里出错了？
  ➡ 惩罚孩子是令孩子更合作还是不合作呢？（p.32）
- 如何与孩子谈情绪？
  ➡ "谈情"基本篇（p.86）

☞ 正向管教，生活实践

- 我想指出孩子有什么地方做得不好而不令孩子反感，有正面的说法吗？
  - ➡ 不说孩子没有做好什么，看你想孩子做到什么（p.43）
  - ➡ 指出不理想行为中的正面行为，引导孩子改善（p.47）
- 在生活上给孩子选择，孩子更听话？
  - ➡ 在可以的情况下，故意给孩子选择的空间（p.51）
- 为什么孩子不喜欢定时器呢？我又可以怎样做？
  - ➡ 把可以协助孩子改善行为的物品与方法作正向演绎（p.53）
- 常常对孩子说"不"有什么坏处？为什么小时候"很听话"，越大却越难教？
  - ➡ 孩子经常被否定反而更不合作（p.9）
- 理想的正向管教策略是如何平衡建立亲子关系与管教的？
  - ➡ 亲子情感银行（p.11）
- 赞赏有用吗？怎样赞赏才有助于正面推动孩子呢？
  - ➡ 赞赏是最好的奖励；赞赏的艺术：简单而有描述性（p.129）
- 学校面试的心理准备如何做？如何正向响应孩子有关面试的提问呢？
  - ➡ 孩子的心理需要可能是父母的镜子：我紧张，孩子也会紧张（p.23）
- 为什么有时孩子好像不喜欢被赞赏？
  - ➡ 不要让"好话"失焦（p.133）

## 👉 行为问题正向改善

- 怎样让孩子做功课而不烦恼?
  - ➜ 指出不理想行为中的正面行为,引导孩子改善(p.47)
  - ➜ 在写字与做作业上让孩子与父母配合的小提议(p.60)
- 如何培养孩子负责任?
  - ➜ 善用自然后果少用惩罚(p.57)
- 孩子吃饭问题很多,有时很慢,有时挑食,有时又打翻饭碗,应该如何处理?
  - ➜ 四大原因让作为父母的你更了解孩子的不合作(p.4)
  - ➜ 善用自然后果少用惩罚(p.57)
  - ➜ 把可以协助孩子改善行为的物品与方法作正向演绎(p.53)
- 孩子说谎了怎么办?如何协助孩子不再说谎呢?
  - ➜ 了解孩子说谎的原因(p.71)
- 孩子怕小动物,生活上可以如何帮助孩子面对恐惧呢?
  - ➜ 不用急着让孩子面对恐惧——行为上的处理方法(p.27)
- 孩子做到了他害怕的事,父母可以如何响应孩子呢?
  - ➜ 响应孩子的勇敢,让孩子知道他也做得到(p.29)

### 👉 孩子有情绪，我们可以正向处理吗

- 幼儿怕上学又常常在上学前哭闹，我可以怎样做？
  - ➡ 面对孩子的分离焦虑，尝试以"干脆"的方式与孩子说再见（p.20）
- 孩子感到恐惧时，我应该让孩子退缩还是面对？
  - ➡ 孩子害怕了，我应该引导他面对还是容许他退缩？（p.27）
- 孩子有负面情绪，我可以如何处理并与他交流？
  - ➡ 与孩子天天"谈情"：挑战篇（p.95）
- 孩子失败了，我应该说什么让孩子保持信心？
  - ➡ 与孩子谈失败，是接纳失败而不损自信的法则（p.110）

### 👉 父母的情绪也要被好好照顾

- 我不想做过分严厉的爸/妈，为什么总是忍不住责怪孩子呢？
  - ➡ 多赞赏孩子可令父母减少坏情绪（p.128）
- 父母如何调节自己在管教时的情绪呢？
  - ➡ 生气时不责骂孩子的秘诀（p.141）

# 目录

## 👉 第一步　孩子的心理与行为　理解篇

1. Trouble 2后是不是有trouble 3, 4, 5 / 4

2. 分辨闹情绪是不合作还是有心理需要（psychological needs）/ 16

3. "焦虑"及"害怕"是闹情绪背后的心理需要 / 19

4. 惩罚孩子令孩子更合作还是不合作 / 32

## 👉 第二步　问题行为　正向拆解篇

1. 正面说话改善孩子的负面行为 / 42

2. 了解孩子说谎的原因 / 71

## 👉 第三步　让孩子幸福　孩子情绪篇

1. 与孩子天天"谈情"：基本篇 / 86

2. 与孩子天天"谈情"：挑战篇 / 95

👉 **第四步　不做过分严厉的爸妈　父母情绪篇**

1. 父母今天说的话会成为孩子明天的内在声音（inner voice）/ 124

2. 多赞赏孩子可令父母减少坏情绪：说"好话"的沟通技巧 / 128

3. 温柔的父母是先天的还是后天的？生气时不责骂孩子的秘诀 / 141


附录一　呼吸松弛法 / 167

附录二　正向金句卡 / 173

附录三　给父母重温的"正向育儿法"金句 / 175

# 第一步

## 孩子的心理与行为

### 理解篇

# 会诊室中孩子的心事

## 不愿上学的心宜

心宜是个3岁的女孩子，因为在她刚出生时身体出了些状况，全家对她的一举一动很敏感。她一哭，无论是父母还是家中长辈都异常紧张。随着孩子慢慢长大，身体健康情况也稳定下来，父母开始尝试改变与孩子相处的方法。可是，长辈觉得3岁还是很小，所以还是很怕孩子哭，孩子一哭就会给她想要的东西，这已成为生活常态。

心宜是个很聪明的孩子，说话学得很快，学习能力也很强，不过"顶嘴"也学得很快，她很会拒绝自己不喜欢的事，如遇到不喜欢的食物就会拒绝进食，妈妈试过对她说"不吃饭会长不大的"，心宜却回答"但我可以喝奶呀"，让妈妈哭笑不得。本来这些看似都不是什么大问题，可是心宜上学出现了问题，这才是让父母头痛的事情。

不知道为什么，她刚开始上幼儿园时是没有问题的，但上了几个月后，她突然不愿上学了，每次到校门前就开始哭起来，带她上学的奶奶不知如何是好，试过好几次，只好把她带回家。爸爸妈妈当然很紧张，询问过孩子在学

校的情况，但就是没有特别的事发生。她在学校什么都吃，也很合作，会和几个她喜欢的同学一起玩耍。妈妈起初觉得心宜是在故意逗奶奶，于是惩罚了她好几次，但是情况没有改善，心宜还生了妈妈气，不让妈妈在睡前给她讲故事。

于是，爸爸妈妈决定亲自带心宜上学，但心宜还是一样地哭，说着不想离开妈妈，很想回家与奶奶一起看电视，妈妈只好直接把她抱起交给老师，然后偷偷观察她在学校里的情况，没过几分钟，心宜不再哭了，去和她的同学玩玩具了。

心宜的爸爸妈妈很苦恼，孩子到底为什么会这样？他们甚至很害怕与孩子在生活上谈起情绪，怕孩子会想起不愉快的经历。

孩子有时不听话，是什么原因导致的呢？孩子闹情绪，是不合作还是心理问题呢？

# 1 Trouble 2 后是不是有 trouble 3, 4, 5

孩子为什么不听话了?

惩罚的定义很广,也有程度之分,其中包括"言语惩罚"。

## 1.1 做错事反而更容易得到关注

现今社会不少双职工父母,工作都十分忙碌,只有到了晚上才有机会与孩子相处,可晚上回到家已经十分疲惫了。即使父母其中一方在家照顾孩子,也不一定代表有很多时间关注孩子,<u>因为每天要处理的事太多</u>,如果孩子不是发生什么事,父母可能也不会特别关注他们。在心宜的例子中,她明显不是一个原本就挑食的孩子,因为她在学校什么都吃,但当我们使用<u>行为分析法</u>时,很快就会理解

| 前因<br>（Antecedent） | ● 孩子吃饭<br>● 父母在交谈<br>● 奶奶在看电视 |
|---|---|

↓

| 行为<br>（Behaviour） | 孩子说不喜欢今天的饭菜，然后不吃了 |
|---|---|

↓

| 结果<br>（Consequence） | ● 父母询问孩子原因<br>● 奶奶陪伴孩子吃饭<br>● 父母一直看着孩子<br>● 孩子吃起来，父母称赞她合作 |
|---|---|

孩子在家中挑食的原因。

孩子在乖乖吃饭时没有人理会她，家中大人各自做自己的事（父母在交谈，奶奶在看电视）；但当孩子不听话不合作时（说不喜欢今天的饭菜），全家人反而一起关注她。当她不合作后再次合作起来，又会得到父母的赞赏，做错事反而更容易得到关注，好行为却没有人看见，就是让孩子不合作的原因之一。

这种情况不只发生在年幼的孩子身上，在上了小学甚至更年长的孩子身上也会发生。当孩子长大后，我们给的关注可能比孩童期更少，因为孩子在不少生活问题上都能独立运作，父母可能都会多花一些时间关注其他生活事

第一步　孩子的心理与行为　理解篇　5

务；又或是在弟弟妹妹出生后，孩子会突然比原本多了许多不合作或行为问题，这都与希望获得关注有关。因此，有时候有些孩子好像故意在生活上或学校中做出不合作的行为，是希望忽略了自己的父母可以重新关注自己。

父母的关注对孩子来说是想象不到的宝贵，正面关注如关心（例子中关心孩子为何不吃了）固然很重要，但即使负面关注如责备也会有相同的效果。例如，有一个上了小学的孩子每天把家里弄得很凌乱，每天被妈妈责骂，却又每晚都与妈妈道歉并哄妈妈高兴，后来在一次交谈中说出"如果不是犯错误，妈妈回到家都不理我呢"，完全把那种即使是负面关注也比没有关注好的心态表露无遗。

说到这里你可能会好奇，那我是不是不应关注孩子呢？又或是在孩子做出问题行为后完全不理他？虽然在儿童心理学中，我们是会用"故意忽略"（ignoring）这个方法处理行为问题，但使用"故意忽略"也有不少要注意的地方，如我们要肯定孩子是希望获得关注的，而且环境上也要许可（如孩子在街上大哭，我们总不能不理孩子），所以不少父母会认为实施起来十分困难。从正面的角度处理，更实用的方法是给予孩子固定的正面关注，并特别关注孩子的好行为，毕竟孩子想要的是父母的关注，只拿走关注而不照顾孩子的心灵需要，是不会帮助孩子的行为重回正轨的。

正面语句例子

心宜在吃饭,父母也在一起吃。
妈妈:"心宜做得很好,一直在吃。不过你好像很少吃这个肉呢!"
心宜:"这个肉肉不好吃!"
妈妈:"觉得不好吃刚才也尝试吃,心宜真是乖孩子呢!"
心宜高兴地看着妈妈,把那块肉放进口中,妈妈也轻抚孩子的头。

在心宜的情况中,父母应用了给予孩子固定正面关注的技巧,父母在她的行为(在家中挑食)出现前,已经用交谈给"吃饭"这项行为施加了正面关注,从刚才我们提到的前因入手。即使孩子提出问题(肉不好吃),也引导孩子注意自己做得好的那一面(不好吃也尝试吃),让孩子感受到好行为会得到关注的结果,并在饭桌上持续给予孩子关注,让孩子不会感到被忽略。

正面的关注与赞赏是息息相关的,而且是让孩子行为变得更正面的必要因素,我们在第四步"不做过分严厉的爸妈 父母情绪篇"会讨论更多应用赞赏与奖励

（reward）的方法和注意事项。

你的孩子有时也会有令你想不通的行为吗？你也可以填填下表，看看能否帮助你理解问题的成因。

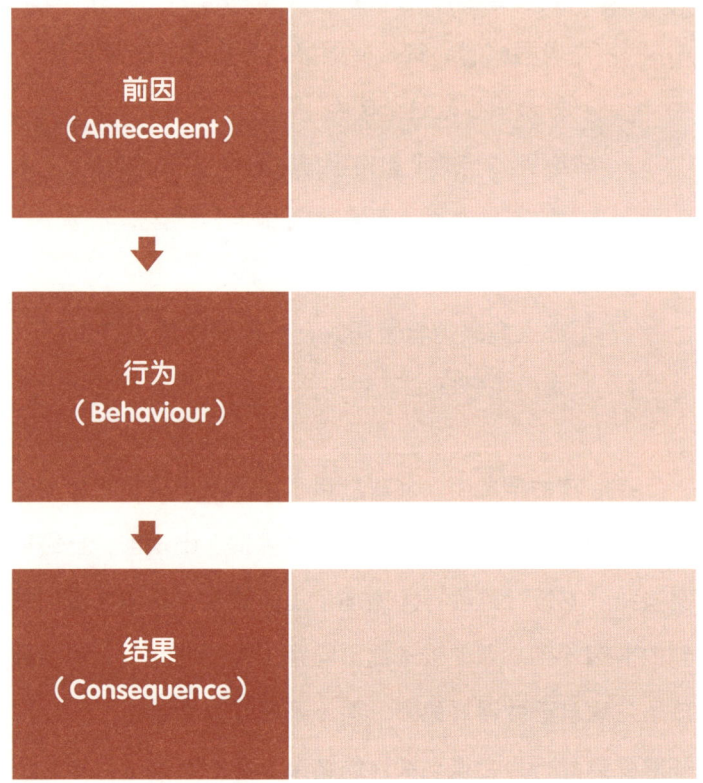

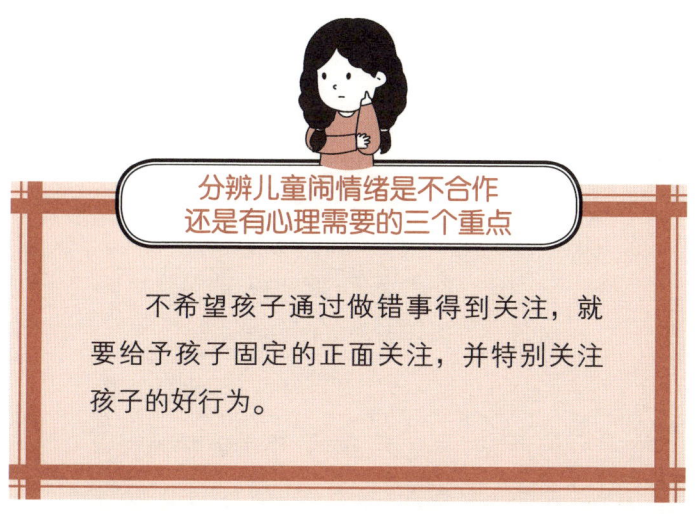

> **分辨儿童闹情绪是不合作还是有心理需要的三个重点**
>
> 不希望孩子通过做错事得到关注,就要给予孩子固定的正面关注,并特别关注孩子的好行为。

## 1.2 孩子经常被否定反而更不合作

当我们在生活中留意孩子时,有没有发现自己常常留意到孩子有什么"问题"而并非有什么"优点"呢?当父母的视角倾向于"问题"时,我们就会很容易把"不好"(不要)挂在嘴边,常常让孩子不要这样做不要那样做,令孩子经常受到否定;又或是在孩子做得好时,还是会认为他做得不够多。不少天生比较好动的孩子就因为其好动行为,无论在学校还是在家中都会经常面对这个问题;也有些时候是父母不自觉地因为希望孩子改进,所以常常否定孩子在生活上的行为。长期受到否定的孩子会发生什么事呢?

伟贤是一个小学六年级的学生,他成绩中等,但因为父母常常认为他可以做得更好而被长期否定,很少被表扬。

妈妈:"你可以准时一点上钢琴课吗?"

伟贤:"但还有很长时间呀……"

妈妈:"早一点不是更好吗?早到是美德。"

伟贤:"早了又怎样,不也是等吗?"

妈妈:"你为什么就不愿意听我说话呢?"

伟贤不作声,他其实没有什么事要做,但就是要等到最后一刻才出门。

有些时候因为生活和学习的需要,我们会向孩子指出不足之处,但如果孩子常常听到自己做错什么,有什么做得不够好,<u>有些孩子就会对否定麻木起来,形成放弃心态</u>,就像例子中的伟贤一样,因为即使没有错也会被认为做得不够好,做得好也不会得到肯定,所以导致哪怕有时妈妈的提醒或建议是有用的,他都不会去做。

另外,也有些孩子因为<u>经常被否定,而形成了反叛的对抗心态</u>,在表面上就会常常呈现出不合作的情况。面对被自己的亲人否定的情况,孩子其实也会有自己的感受,这些感受可以是失落、灰心，也可以是愤怒。有些人会问为什么专注力不好、性格活跃的孩子更容易有对抗行为呢？当然这与基因及孩子性格的冲动性有关，但同时也与孩子常常被否定而产生的负面感受有关。

上一部分我们提到的难以得到正面关注，很容易在常被否定的孩子身上发生，同时在常被否定的孩子眼中，他们就是被"大人"一直说做得不好的角色，小朋友又怎么会有动力与"大人"合作呢？年幼的孩子很少能把自己被否定的感受说出来，也不太理解自己为什么不与父母合作；有些年纪大一点的孩子可以把这种感受说出来，曾有青春期的孩子对我说过"妈妈说我做得不好，她好像也不知道我努力了，我做得再差一点，她就会明白什么是真正的不好了"，他说出了自己因为被否定而变得叛逆的心态。

既然生活上难以避免否定孩子，可又很担心会失去亲子平衡，怎么办呢？近年国外兴起了一个很值得参考的概念——<u>亲子情感银行（emotional bank account/emotional piggy bank）</u>，这个概念最早由史蒂芬·柯维教授（Stephen Covey）提出，被用于关系管理，而约翰·戈特曼（John Gottman）在这个概念上提出了5：1的黄金比例。

我们可以想象以存钱的概念为亲子关系作正面存款，如正面互动与倾谈、游戏时间、对孩子生活点滴的赞赏、

第一步 孩子的心理与行为 理解篇 11

欣赏孩子微小的正面转变等,这些存款有助于孩子建立正面的自我形象以及与父母间的互信关系;每存款5次就有1次提款的机会。而提款包括了对孩子的否定、指出孩子在生活中犯的错误、责怪孩子等,在生活上我们会有不少时候免不了要提款,如孩子不起床、吃饭很慢、父母因管教疲劳而生气等,所以存款很重要,要每天都做,长此以往就可以在正面管教与处理孩子问题之间取得平衡。

## 亲子关系 Balance Sheet

| ➕ 正面亲子存款 | ➖ 正面亲子存款 |
| --- | --- |
| 陪伴时间 | 在生活上催促孩子(如吃饭、做功课、逛街) |
| 正面响应孩子的分享 | 不小心对孩子的语气差了 |
| 对孩子生活小行为(如收拾玩具、独自看书)的赞赏(每次赞赏都是一次存款) | 更正孩子的行为 |
| 游戏时间 | |
| 交流(一日三次) | |
| 一起看动画片 | |
| 睡前故事/交流 | |

*正向小提示:存款不一定要是大事,可以从生活中的小事累积;每存款五次才可提款一次。

> **正向 checkpoint**
>
> 孩子经常被否定反而更不合作，亲子关系平衡可提醒我们在日常中多积累正面亲子存款，即使在生活中有提款也不用担心孩子会感受到太多负面否定。

## 1.3 长期使用不恰当方法处理孩子的行为

孩子的不合作也可能与不恰当的处理方法有关，如现在平板电脑大行其道，还有不少可以启发儿童认知能力的游戏与动画片，很多孩子还没学好说完整句子就已经学会用平板电脑找他们想找的东西。近年来多了不少诊症问题与用<u>不恰当的方法处理孩子行为</u>有关，如孩子没有动画片看就不吃饭，当做行为分析时发现原来孩子小小年纪不吃饭时，家里的大人就给他看动画片，有动画片看时就会乖乖吃饭了，但当再长大一点想让孩子自己吃饭时，孩子要么是看着动画片不动，要么是没有动画片就不吃，家里的

第一步　孩子的心理与行为　理解篇

大人几乎每次都会因这个问题争论一番，最后才发现原来引导孩子吃饭时一直用错了方法。

使用不恰当的方法处理孩子行为还有不少的生活例子，如孩子没有耐性坐定复习，却被要求坐得越长时间越好；孩子一哭就把原本的规则放弃，又或是像心宜的情况——孩子在学校门口哭就可以回到家里不上学，<u>这些方法都有共通点，就是与孩子的需要背道而驰导致孩子的行为变得更难处理</u>。使用不恰当的方法处理孩子行为一般是基于对孩子行为的不理解与未找到其他处理方法有关。我们

## 正向 checkpoint

当我们发现处理孩子行为的方法会让孩子的行为变得更难处理，又或是令孩子情绪化的情况加剧，就有可能代表该方法对你的孩子来说并不恰当。

值得注意的是，每个孩子都有不同的需要与特性，别人试过有用的方法也不一定适用于其他孩子。

在书中第三步"让孩子幸福　孩子情绪篇"会讨论更多方法理解孩子的不合作以及负面情绪背后的原因，也会在第二步"问题行为　正向拆解篇"了解更多处理孩子行为的技巧。

## 1.4 孩子自身的困难——不听话是因不能而非不为也

当留意到孩子不合作时，我们最需要注意的是，孩子不合作的情况是否和他自身的困难与不足有关呢？在心宜的例子中，有个很令父母矛盾的问题，她在日常生活中也有不少不合作的时候，于是在她不愿上学时，父母第一时间想到的就是——孩子这次又因为什么不合作呢？而没有想到孩子可能是有一些无法处理的困难。

也许我们从孩子的角度想想，如果可以配合身边成年人的要求而令大家都觉得自己是乖孩子，他们又何乐而不为呢？孩子的不合作，如不愿与不熟悉的人交谈、在等待时发脾气、害怕时完全不回答他人问题等，很多时候也包含了自身的困难，如情绪处理困难、怕生、耐性不足等。当我们留意到孩子不合作，特别是年纪较小的孩子，我们也可以注意一下孩子有没有什么情绪上或能力上的困难呢？接下来我们将会探讨孩子不合作时潜在情绪的可能性。

# 2 分辨闹情绪是不合作还是有心理需要（psychological needs）

孩子为什么总是闹情绪，还做出不合作的行为？

孩子闹情绪时有可能是在表达一种心理需要。

不同年龄的孩子会有不同的闹情绪情况，当孩子闹情绪时，我们很容易会认为孩子不合作，以下三个重点可以帮助我们简单分辨他们是不合作还是有心理需要。

**分辨儿童闹情绪是不合作还是有心理需要的三个重点**

- 是单一事件还是持续了一段时间？
- 闹情绪的情况对孩子生活影响大吗？有没有影响孩子完成基本要做的任务？
- 可不可以简单处理？

## 2.1 是单一事件还是持续了一段时间？

第一点，当我们观察孩子的行为时，要留意他们闹情绪的情况是单一事件还是持续了一段时间。有些情况，如孩子上兴趣班不听从老师的指令、在家里某天晚上不愿去睡觉等，如果只是发生了一两次，又或是很久才发生一次，可能只是因为孩子的心情或是刚好那天疲倦而产生的问题；但如果常常发生，在心宜的例子中，她经常抗拒上学，就可能是在反映孩子更大的心理需要。

## 2.2 闹情绪的情况对孩子生活影响大吗？有没有影响到孩子完成基本要做的任务？

第二点要思考的就是孩子闹情绪的情况是否为孩子的生活带来障碍。如有些孩子天生容易哭，父母说话严厉一点就会哭，但如果很快就会平复，而情况也不影响孩子上学与其他生活，那即便孩子会闹情绪，也不必很担心（父母也可以看看第三步"让孩子幸福 孩子情绪篇"，了解如何与孩子沟通）。

我们可以参考另一种情况：乐文在幼儿园小班升大班的暑假参加了一所小学学校的面试，他在面试的时候一句话也没有说，老师让他画画，他却把那张纸揉成一团。这件事虽然是单一事件，但影响到孩子完不成基本任务，他的闹情绪不只是不合作，更是背后有不可被忽视的心理需要。

## 2.3 可不可以简单处理？

第三点就是问题可不可以简单处理，如有些孩子因吃饭很慢而常与父母闹得不愉快，但当孩子到5岁左右时，父母用定时器协助孩子，孩子很快就进步了，即使孩子先前有闹情绪的情况，并非有较深层的心理需要。当然，这也与方法有关，如果发现简单的方法都没有用，就可能说明孩子的闹情绪与他的心理需要有关。

# 3 "焦虑"及"害怕"是闹情绪背后的心理需要

孩子可能会同时有不合作行为和与其情绪有关的心理需要,就好像在心宜的例子中,我们通过行为分析知道她在家中因为希望得到关注而出现相关的不合作行为,不过她在上学时的分离困难,其实就体现了分离焦虑的情况。她的情况符合了我们刚才列出的三个重点:①持续了一段时间;②情况对孩子生活有所影响;③不可以被简单处理。<u>有焦虑情绪的孩子在生活中容易被误以为</u>

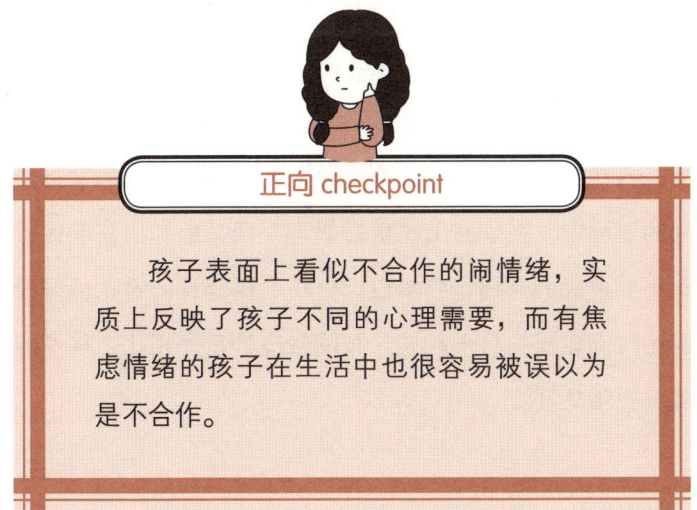

正向 checkpoint

孩子表面上看似不合作的闹情绪,实质上反映了孩子不同的心理需要,而有焦虑情绪的孩子在生活中也很容易被误以为是不合作。

<u>不合作</u>，而一般有焦虑情绪的孩子也较少能够直接说出自己焦虑的缘由，这是他们常常被误解的原因。即使孩子没有焦虑症，在成长过程中也会产生焦虑情绪。

知道孩子上学时因为焦虑而闹情绪后，应该怎样处理？

面对孩子的分离焦虑，尝试以"干脆"的方式与孩子说再见。

在心宜的情况中，我们分析她的情况之后，就想深入了解父母如何处理孩子上学时的情况。这个年龄的孩子不能完整表达自己的感受，当然也不擅于帮助自己调节情绪，身边成人的角色就会变得更重要。在与心宜的父母交谈的过程中，发现在上学前妈妈与奶奶都会和心宜谈论上学不要再哭的问题，到学校门口还会再谈论一番，但好像谈论时间较长的日子和谈论时间较短的日子相比，孩子的情况更难处理。

妈妈："心宜,拜拜!"
心宜："妈妈……"
妈妈："心宜是不是有什么事?"
心宜："我不想进去……"
妈妈："为什么呀?"
心宜："我想回家与你和奶奶在一起……"
妈妈："但现在你要上学了。"
心宜开始哭起来,而且越哭越大声。

　　妈妈的原意是希望多关心孩子的感受,不过在分离焦虑的初期,我们可以先尝试以比较"干脆"的形式与孩子说再见。在分离的现场,<u>多说话未必比少说话好</u>,如果想要关心孩子的感受,可以等回家后有需要再讨论。心宜的妈妈后来再尝试陪心宜上学时,这一次她一早准备好说什么,也与老师约好时间在学校门口接心宜进学校。

**正面语句例子**

到学校前,妈妈与心宜在讨论她喜欢的动画片。到学校门口时:

妈妈:"心宜,拜拜!"

心宜:"妈妈……"

妈妈:"妈妈会买你喜欢的小蛋糕接你放学呢!"然后亲一亲孩子。

虽然妈妈知道心宜还是有点不舍,不过在老师的配合下,她很快把孩子交给了老师,然后微笑挥手离开。

有好几天妈妈都以差不多的方法把心宜送上学,当然,妈妈也按承诺接了孩子放学,同时使用了第三步"让孩子幸福 孩子情绪篇"中的方法与孩子在日常生活中多谈情绪,平日也不用避开情绪的话题,并多给孩子正面关注。奶奶也参考了这个方法带孩子上学并说再见,孩子的分离焦虑很快就消散了。

### 正向 checkpoint

我们以为多说话可以安慰孩子的不安,但在与孩子分离的现场,多说话未必比少说话好。日常生活中多谈情绪,才是与孩子在情绪上沟通的更理想做法。

孩子的心理需要可能是父母的镜子:我紧张,孩子也会紧张。

在乐文面试的例子中,他在面试的时候一句话也没有说,老师让他画画,他把那张纸揉成一团,爸爸妈妈第一次看到孩子这样的表现,担心之余,也不知道应该如何协助孩子。虽然父母也感到孩子的不合作可能与紧张有关,但孩子在生活上一直也没有严重的问题,因此不知道为什么孩子会在面试时发生这样的情况。了解后发现,原来那

第一步 孩子的心理与行为 理解篇

次是孩子第一次去面试，父母都希望孩子轻松参与，就没有在事前谈到面试是什么；而妈妈自己也十分紧张，她担心如果孩子进不了这所学校就没有其他更合适的选择。

在出发面试前，妈妈尝试对孩子解释面试这件事。

妈妈："你今天要努力！这所学校很适合你！"

乐文："是吗？"

妈妈："是呀！我们去了之后应该会有游戏玩的。"

乐文："为什么要面试呀？"

妈妈："让老师看看你适不适合读这所学校。"

乐文点点头。<u>妈妈不知道自己这样回答对不对</u>，但由于自己也紧张，所以在去的路上一直很少说话，在等候室也是如此。

当仔细了解后，妈妈也发现自己似乎太紧张了，所以从响应孩子问题（"为什么要面试呀"）到自己的情绪表现都让孩子感到与平常很不同,妈妈的情绪与孩子的情绪起了乒乓效应。<u>在情绪表达方面,孩子是会因观察学习(observational learning)而受到身边的人影响的,如父母对一件事显得格外紧张,即使孩子不知道自己为什么要紧张,也会因观察到父母的情绪而紧张起来</u>。面试不只对孩子来说是新的体验,对父母来说也是,但有时我们不在意自己的情绪转变,没有先照顾自己的感受,而是从孩子的行为中看到自己紧张的影子。乐文妈妈再一次回想,可能早一点与孩子以平常心谈面试比不谈更好,再来一次的话,她应该会用"让我们与老师也认识一下对方"回答孩子对面试的疑问。

### 正向回应孩子的提问

| 问题 | 一般回应 | 正向回应 |
| --- | --- | --- |
| 面试是什么? | 老师会和你玩游戏,然后会请你回答一些问题。 | 你会和老师一起玩一些游戏,他也可能会想多了解你一些。 |
| 为什么要面试呀? | 让老师看看你适不适合读这所学校。 | 让我们与老师认识一下对方。 |

第一步 孩子的心理与行为 理解篇

| 问题 | 一般回应 | 正向回应 |
|---|---|---|
| 鼓励孩子 | 你今天要努力！这所学校很适合你！ | 平常的你已经表现得很好了，就像平时上学和同学老师在一起就可以呀！ |
| 我做得不好/不懂回答怎么办？ | 你怎么会做得不好呢？妈妈对你有信心！ | 每个人都有做得好与不好的事，不知道如何回答是正常的，而且我们还有很多机会呀！ |

言谈中有时会包含父母的期望（如这所学校很适合你）或对孩子感受/想法的否定（你怎么会做得不好呢），而正向回应就是指我们不回避孩子的提问，并在回应中以照顾孩子的感受为出发点，在回应中带有正向成分，主要是希望我们的回应不会增加孩子的压力，同时也能<u>令孩子安心</u>。

只要我们细心留意，就会发现孩子的闹情绪可以反映出行为背后的心理，即使在年纪大一点的孩子身上，你也会发现他们是会闹情绪的，如在第四步"不做过分严厉的爸妈　父母情绪篇"中的大孩子澄朗也因朋辈问题而看似不合作。从以上的例子看，当遇到孩子闹情绪时，我们不要第一时间就认为孩子不愿意与我们合作，甚至惩罚孩子，这样做会在我们与孩子之间筑起阻碍沟通的围墙，<u>了解孩子的情绪与想法，容许孩子也有情绪表达的空间，才是与孩子一起建立正面沟通与改善行为的钥匙。</u>

### 正向 checkpoint

孩子的情绪可以是父母情绪的镜子。孩子会因观察学习而使自己的情绪感受受到身边的人影响，所以当我们想处理孩子的感受时，也可以先留意一下自己的情绪感受。

孩子害怕了，我应该引导他面对还是容许他退缩？

不用急着让孩子面对恐惧——行为上的处理方法。

在孩子的成长中，我们总会遇到孩子感到害怕与焦虑的情况，有人说要尊重孩子的感受，又怕为孩子留下心理阴影；也有人认为孩子不应逃避自己害怕的事，到底哪一个说法才"对"呢？

上一节提到的乐文，原来害怕小狗，每次在街上看到小狗就会走到另一边，又或是躲到妈妈身后等小狗先走。父母想带孩子到小狗咖啡店看看，让孩子看到小狗可爱的一面，但一到咖啡店门口孩子就哭了起来，根本不进咖啡店。

当我们想让孩子面对他们害怕的事物，一般不可以太急于求成，如在乐文的例子中，去到有很多只狗的咖啡店，即使小狗很可爱，孩子一下子也会无法接受；又或是有些年幼的孩子害怕动画片或故事书里主角遇到危险的情节，我们也不可以强迫孩子面对这些我们认为没有问题的事物。

就像乐文一样，孩子怕的是小动物，<u>父母可以协助孩子一步步面对恐惧，从看图片开始，到看视频</u>，让孩子在心理上理解"原来再看下去会发现它没有那么可怕"，而不是单单由父母或是成人告诉孩子"不用害怕"；也让孩子有安心的空间了解他原本很害怕、很快就逃避了的事物。当孩子在心理上理解了自己害怕的事物，就会更容易一步步接受自己原来的恐惧。

> 要响应孩子的勇敢，让他知道他也做得到——响应与想法上的处理方法。

对于紧张和焦虑的人来说，一般人眼中的一小步可能是他们的一大步。因此，当孩子愿意接触自己害怕的事物（如远距离看狗、动画片情节、在社交场合感到不自在但没有离开等），父母也要把握机会给孩子正面肯定；另一方面，正面肯定不宜太夸张或把注意力都集中在孩子身上，这会使孩子再次紧张起来，影响下一次尝试。

到底什么是令孩子不自在的正面肯定呢？我们可以看看下面的例子：

心宜今天去到一个新环境，见到妈妈的朋友。以往心宜要先熟悉一下环境才与其他人交流，今天她主动向其他人挥手打招呼。

妈妈："心宜，今天这么厉害，你刚才打招呼呢！爸爸，你们有没有看到？"

心宜看到大家也看着她，立即躲到爸爸身后去。

在这个例子中，孩子尝试做平时令她感到紧张的行为（打招呼），妈妈很高兴并希望肯定孩子，但因为妈妈这样说，爸爸和在场的其他人都一起看向心宜，容易紧张的

## 响应孩子的勇敢有办法

| ✘ 反面响应 | 问题 | ✔ 恰当的正面肯定与响应 |
|---|---|---|
| 你看,是不是没有问题,有什么好怕呢! | 否定了孩子尝试的努力 | 妈妈知道你有点害怕,但也愿意看下去/尝试,真的很勇敢呢!<br>作用→肯定勇敢 |
| 今天这么厉害,你刚才打招呼呢!爸爸,你们有没有看到? | 令孩子成为众人的焦点(spotlight),更添压力 | 轻摸孩子的头并说(轻声):"做得好!"<br>作用→肯定孩子的尝试 |
| 我都说了,它(小狗)不会咬人的,你怕的事情根本不会发生呀! | 否定了孩子害怕的感受 | 看来小狗真的不会咬人呢,你觉得呢?<br>作用→改变孩子的想法 |
| (看动画片中的紧张情节)你现在不是笑得很开心吗?都不知道之前在怕什么。 | 否定了孩子害怕的感受 | 原来有时再看下去,事情并没有我们想象中那么可怕呢!<br>作用→扩展孩子的想法 |

她感到被很多人关注，又开始紧张起来。这就是典型的因正面肯定而变得不自然，令孩子下一次更难尝试的情况。

其实在这个情况中，如果我们想给予正面肯定，可以轻摸孩子的头并说（轻声）："心宜，做得好！"就已经足够了，同时也不会增添孩子的压力，这才是可以帮助孩子下一次继续尝试的方法！当孩子鼓起勇气尝试接触他们害怕的事物，我们也要欣赏孩子的努力，即使没有做，也要谨记不责怪的原则！

## 4 惩罚孩子令孩子更合作还是不合作

在本章一开头的例子中，起初心宜不愿进学校的情况发生时，妈妈误以为她故意逗奶奶而惩罚了她，聪明的心宜还因此生了妈妈的气。不少父母都会疑惑，正向管教是不是完全不可以惩罚孩子呢？如果不惩罚，我们有其他方法处理孩子的不理想行为吗？

> 孩子闹情绪时，可以用"惩罚"的方式处理吗？惩罚都包括什么？

> 惩罚的定义很广，也有程度之分，其中包括"言语惩罚"。

惩罚包括罚站、罚孩子不可以吃糖、减少原有的看电视时间等，在行为心理学中，<u>惩罚是在一个行为发生后出现的相应反应，目的是减少目标行为</u>，如孩子不去收拾玩

具，妈妈就把玩具收起来不让孩子玩，"把玩具收起来"就是"不收拾玩具"这个行为的惩罚了。因此，惩罚的定义很广，也有程度之分，被轻轻告诫一句可以是惩罚，大声责骂孩子也可以是惩罚，但比告诫程度重很多。多数新一代的父母比较少用重度惩罚，较常发生的是自己不小心罚了孩子而不知道，又或是常用轻度惩罚却不见得有效改善孩子的行为。

值得注意的是言语惩罚，可能你会问，说话也是惩罚吗？是的，说话也可以是惩罚，而且同样会影响孩子的行为与心理发展，但却是我们很容易忽略的惩罚形式。

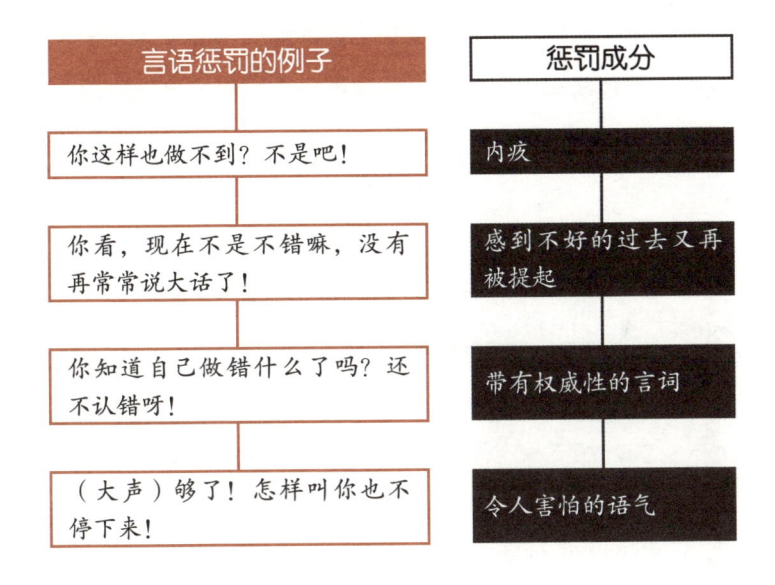

| 言语惩罚的例子 | 惩罚成分 |
| --- | --- |
| 你这样也做不到？不是吧！ | 内疚 |
| 你看，现在不是不错嘛，没有再常常说大话了！ | 感到不好的过去又再被提起 |
| 你知道自己做错什么了吗？还不认错呀！ | 带有权威性的言词 |
| （大声）够了！怎样叫你也不停下来！ | 令人害怕的语气 |

言语惩罚有些时候不只没有效果，对于比较固执的孩子，又或是因被责备而感到不服气的孩子，有时还会有实时性的反效果。如有些孩子在被惩罚后，父母希望孩子说出自己错了什么，年纪较小的孩子可能真的不知道，就会在被问到这问题时大哭起来；有些孩子是知道的，但刚刚才被惩罚完又要再认错，嘴硬的孩子就在这会儿选择与父母再僵持一次。曾经有不少父母问我，孩子在被惩罚后在口头上一直不认错，而自己又在一开始就要求了孩子说出自己做错什么，弄得不知如何找"台阶"下。常惩罚孩子会影响孩子的自信心，也会产生常否定孩子带来的种种负面效果。不少研究发现，即使是言语的惩罚也会使孩子变得叛逆，更容易有人际关系问题，更易有负面的自我形象。

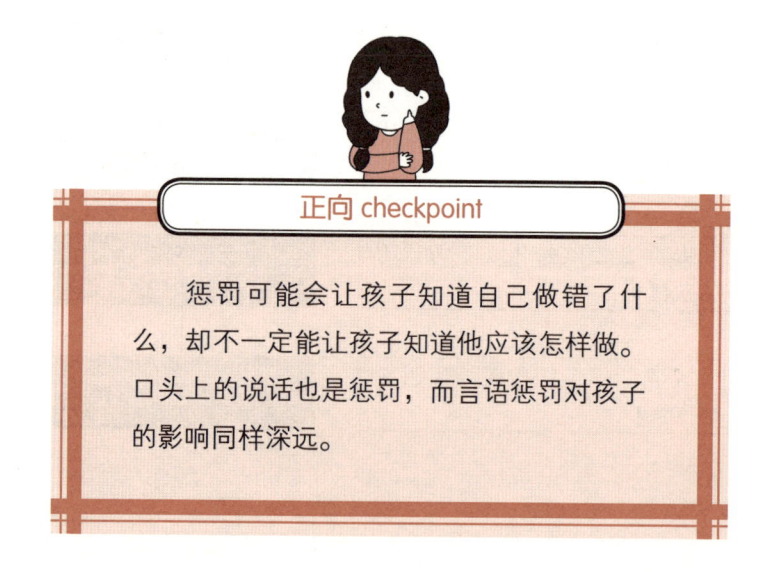

### 正向 checkpoint

惩罚可能会让孩子知道自己做错了什么，却不一定能让孩子知道他应该怎样做。口头上的说话也是惩罚，而言语惩罚对孩子的影响同样深远。

<u>惩罚可能会让孩子知道自己做错了什么，却不一定能让孩子知道应该怎样做。</u>在心宜的例子中，她只知道自己因上学问题被罚了，但像年幼的孩子，很少会因为被罚了而知道什么是正确行为，甚至连自己为什么被罚也会很快忘记，这也是不少父母使用轻度惩罚时收不到效果的原因之一。

在正向管教中，我们主张以多元化形式改善孩子的行为，我们可以为孩子定下较清晰的规矩、给予孩子改过的机会，并与孩子建立良好关系而令孩子愿意与我们合作。惩罚的对照是赞赏与鼓励，赞赏与鼓励同样是协助孩子逐渐做到好行为且又持久的方法。在孩子成长的过程中，可能你总会遇到需要惩罚他们的情况，但请视之为最后方法，即使孩子面对的困难很大，方法也会比困难多，让孩子有正面动力与父母一起走过挑战才是正向管教的目标。

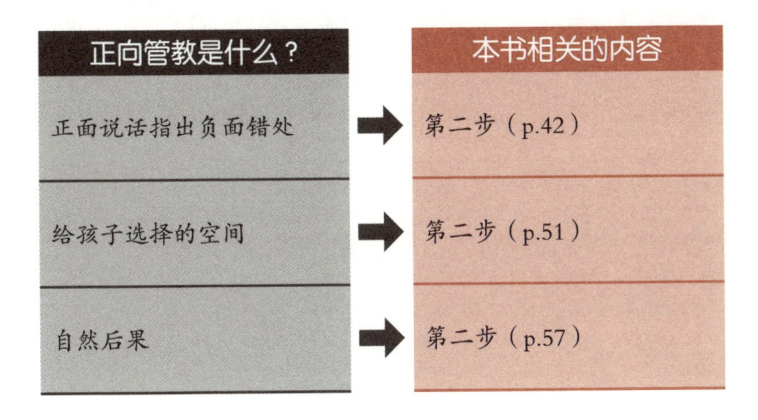

| 正向管教是什么？ | 本书相关的内容 |
| --- | --- |
| 正面说话指出负面错处 ➡ | 第二步（p.42） |
| 给孩子选择的空间 ➡ | 第二步（p.51） |
| 自然后果 ➡ | 第二步（p.57） |

第一步　孩子的心理与行为　理解篇

| 正向管教是什么？ | 本书相关的内容 |
| --- | --- |
| 赞赏与鼓励 | 第四步（p.130） |
| 奖励 | 第二步（p.61） |
| 正面期望 | 第二步（p.69） |
| 照顾孩子情绪 | 第三步（p.98） |
| 与孩子处理恐惧 | 第一步（p.27） |
| 接纳失败而不损自信 | 第三步（p.111） |
| 照顾父母情绪 | 第四步（p.141） |

# 后记

## 父母给予安全感，不再焦虑的心宜

心宜的年纪较小，与不少年幼的孩子一样，她很聪明，言语发展很快，可是不代表年幼孩子不会遇到困难。在她这个年纪产生上学的分离焦虑也是很有可能发生的，但引来担心的是她没有像同学一样慢慢减轻，而是更加严重了。除了分离焦虑外，她一直以来是常被紧密关注的孩子，当她3岁之后大家期望她可以独立一点时，孩子一时间没有适应过来，在生活上也有其他的不合作情况。

因此，心宜父母希望帮助处理孩子上学问题之外，也希望尽早改善与孩子的相处方式。我们希望孩子有所转变，其实就像我们期望改变与孩子相处方式一样，大家也需要时间更多了解孩子的行为和心理。心宜的父母在会诊后发现，自己没有想象中那么了解孩子，对她的行为与表达似乎也有所误解，因此，之前没有以合适的管教方式应对，反而用了惩罚与责怪的方式。而面对孩子的紧张与情绪，不少父母也会紧张起来，心宜的父母是这样，乐文的妈妈也是如此。心宜妈妈在有一次实行我们制订好的上学计划前给我打来电话，主要是在说她好紧张，担心如果不能成功地把孩子送进学校怎么办，那一刻的妈妈比孩子还要紧张，而紧张的时候要解决问题，似乎就更难了，成人也是，更别说我们的孩子呢？

<u>在正向管教中，我们常看重对孩子的包容，其实同时也需要父母对自己包容，</u>管教出错不是什么奇事，也不至于会回不去的，因为我们即使为孩子的行为与心理定下了改善方法，当中也会包含方法与实行上的改良。心宜妈妈在那一次电话后，回去尝试实施定下来的计划，当天上学很顺利，孩子回到家情绪也很好。在我看来，当然在孩子的紧张当下应变是重要的，但日常中关系与安全感的建立也是改善孩子行为的关键，两者就好像钢琴上的左右手一样，相辅相成才可以奏出幸福的音乐。

# 第二步

## 问题行为

### 正向拆解篇

## 会诊室中孩子的心事

### 脾气差且说谎的子轩

　　子轩是个活泼的孩子，常常有很多古灵精怪的主意，子轩妈妈却是一个从小到大都很乖巧的女孩，所以子轩从小就常常被妈妈纠正行为，在诸多生活小事上，如玩具的玩法、坐姿、说话的方式等。子轩平安地度过了幼儿园阶段，有几个好朋友，学习与行为都没有什么问题。

　　子轩上小学后，妈妈希望他的功课做得好一点，希望他的字写得更好，每天都会与他一起检查功课，确定功课的内容没有错才交给老师。可是子轩上了小学后，妈妈发现他的脾气大了，也没什么耐性了，做功课时很容易有小脾气，妈妈要他改正写得不好看的字他也不愿改。他也不是每天都这样，但是一星期总有一两天会出现这个问题。

　　到后来上了二年级，妈妈一把他的功课拿来看他就开始不高兴，会一言不发走进房间。而且，子轩不只在家里脾气差了，在学校也有这种情况。有一天，子轩的默写成绩不太理想，下午在学校与朋友玩耍时推撞起来。同时子轩开始有抄漏作业的情况，妈妈很好奇，为什么一年级没有的问题反而在二年级出现了呢？有一次，妈妈接到老师的电话，问她有没有把孩子的测验卷签好字让孩子带回学校，因为子轩一直说自己没有带回学校。这时妈妈感到有点错愕，子轩都没有告诉她测验卷发回来了，而且自己问过子轩，子轩说老师还没发。

　　妈妈很担心，那天向公司请了假去接孩子放学，打算问个究竟。子轩放学后被老师请去办公室等妈妈，在去的路上就已经哭了起来。妈妈见到正在哭泣的子轩，第一句就问他为什么要说谎？子轩哭了很长时间，说自己考得不好，不敢给妈妈看。他考了82分，比上一次测验低了3分。老师安慰子轩，其实82分不是考得不好呀！妈妈就想起自己最近常常强调子轩学习态度不好，如果测验退步了就会罚他，把他喜欢的漫画书扔掉。后来，妈妈回到家独自哭了起来，感到无助之余，她发现自己接受不了孩子说谎，但似乎再惩罚孩子也不是合适的做法。

　　孩子反感惩罚，不喜欢被指出错处，有时还会发脾气，我们怎样教才对呢？

# 1 正面说话改善孩子的负面行为

当父母留意到孩子做出不理想行为时，一般第一反应是什么呢？当然是指出孩子的错误。我们在第一步"孩子的心理与行为　理解篇"谈到，常指出孩子错误会令孩子感到被否定，但生活上总不能完全不指出孩子的错误，在正向管教中有什么方法与技巧可以指出孩子错误，同时又能维持亲子间的和谐呢？又有什么方法以正向管教改善负

### 正向 checkpoint

很多人以为正向育儿就等于完全接受孩子的行为，包括不理想行为，这也是不少父母感到很难做到的原因，当然我们也鼓励接纳孩子的独特性与强弱项，但正向育儿不是不讲求纪律与改善行为的，只是用更易令孩子接受的方式与孩子一起向好行为迈进。

面行为呢？改善孩子行为和讨论错误的方式原来比想象中多得多。

> 当孩子做了一些负面行为时，有什么更好的方法可以提醒孩子？

> 父母可以用正面说话实施正向管教，指出孩子的负面行为或错处。

## 1.1 不说孩子没有做好什么，看你想孩子做到什么

不理想行为、问题行为的反面就是正面行为，但是当我们对孩子的行为有意见时，一般就会说出孩子做不好什么。说出孩子做不好什么是否定的表达方式，在生活中家长经常广泛使用（如"不要玩橡皮擦""不准站上去""不准开电视"），但这种方式有许多坏处，除了容易令孩子常常感到被否定而反感外，另一方面也有可能导致引导式提示效果，特别是年幼的孩子，我们说"不准站

上去"，孩子就听到"站上去"这三个字，父母一说，反而令孩子对不理想行为的印象更深刻（我们在第四步"不做恶爸恶妈　父母情绪篇"的赞赏部分会再讨论引导式提示效果）。有时也会因为只说了"不好""不要"做什么，孩子也未必知道事实上应该怎样做才对。我们看看子轩的例子来理解真实情况：

**NG 例子**

子轩在椅子上弯着腰看书。

妈妈："不要坐成这样子！会影响脊椎的。"

子轩看看妈妈。

妈妈："你明白我在说什么吗？"

子轩："应该明白吧……"但他当下没有改正坐姿。

妈妈："明白你又为什么不坐好一些呢？"

　　子轩时常弯起来坐，妈妈很担心他的脊椎会因此发育不良，想在生活中提示孩子，可是孩子很多时候未必会改正，有时还会很生气。在这儿，妈妈一开始的说法就是应用了<u>直接指出不理想行为</u>（"不要坐成这样子！会影响脊椎的"），但孩子好像没有给予改正的反应，当下妈妈就开始有点生气了（"明白你又为什么不坐好一些呢"）。其实在这种情况下，"坐好一些"代表什么呢？是简单的腰不要那么弯，还是想要孩子坐得如学校上课般挺直呢？如果用"<u>不说孩子没有做好什么，看你想孩子做到什么</u>"的原理，我们可以正面说话指出问题来吗？

**正面语句例子**

子轩在椅子上弯着腰看书。

妈妈："你的腰伸直一点点吧！"说的时候配合动作轻轻挺一挺孩子的背。

子轩看看妈妈。

妈妈："现在有舒服一点吗？"

子轩："好像有。"

妈妈："由煮熟了的虾变回了未煮的虾了！"

妈妈与子轩都笑了起来。

"坐好一些"代表什么？这个问题我在诊症时问过妈妈，因为我也不知道妈妈期望的好行为到底是怎样，当我问子轩和妈妈"是简单的腰不要那么弯，还是想要孩子坐得如学校上课般挺直呢"这个问题时，子轩看着妈妈，妈妈也笑起来，想到好像真的没有把好行为表达清楚。其

第二步　问题行为　正向拆解篇

实她只是想孩子的背不要太弯就可以了，没有想过要他在家也正襟危坐。

因此，当应用"看你想孩子做到什么"的原理去表达时，除了少了负面的批评感，其实也可帮助父母更清楚地表达自己的想法是什么，也给孩子留下了解的空间。妈妈说出"你的腰伸直一点点吧"，其实就是她当下对正面行为的想法，并协助孩子调节一下坐姿，批评就因而转换成关心与协助。

对于有些不太喜欢被改正或协助的孩子，我们有时也可活用轻松的语言，使父母在提出意见时的气氛变得柔和一点，就好像妈妈说出"由煮熟了的虾变回了未煮的虾了"，把原来想指出孩子不理想行为的对话以轻松的方式结束。

| 说孩子<br>没有做好什么 | 说看你想孩子<br>做到什么 |
|---|---|
| "不要玩橡皮擦。" | 把橡皮擦先放到这边，你是不是有什么不懂呢？ |
| （孩子想站在椅子上拿放在上面的画纸）<br>"不能站上去！" | （未站上椅子）你是不是想拿画纸？<br>（已站上椅子）你先下来，想要什么？ |

| ✘ 说孩子没有做好什么 | ✔ 说看你想孩子做到什么 |
|---|---|
| "不准开电视。" | 开电视前要先问问我们。（从小养成开电子产品要先问父母的习惯） |
| "你可以不坐成这样吗?" | （弯腰）腰部微挺会舒服一点。（坐不定）两边屁股也要贴在椅子上。 |
| "不要乱按电脑的其他键。" | "你用手指按这个长键（Spacebar）即可。" |

## 1.2 指出不理想行为中的正面行为，引导孩子改善

  有一些情况，我们不能用"看你想让孩子做到什么"的方法，因为即使说出父母期望的好行为，依然有责怪孩子的成分。如孩子写字时，如果我们一直说着"好行为"，就会有这个问题，这也是不少父母在想明明自己也正面地说出好行为，为什么孩子不但没有听从，而且还会闹情绪的原因。我们看看子轩的一个生活例子：

**NG 例子**

子轩在写词语作业，妈妈在他做到一半时过去看看他，妈妈认为他的字写得不太好看。

妈妈："字要再端正一些，都写在格子里才好看呀！"

子轩看看妈妈，继续写词语。

妈妈："都说要写在格子里！"

子轩："我不是都写在格子里了吗？"

妈妈："你看这几个都出界了！"

子轩："唉……你现在才告诉我……"

妈妈："把它们擦了再写一遍吧！"

子轩："我不想……"

在这种情况中，即使妈妈使用"看你想孩子做到什么"的方法，说出她眼中的理想行为是什么（"字要再端正一些，都写在格子里面才好看呀"），孩子当然也感受到妈妈其实是认为他写得不好，而更严重的是，当时孩子其实都已经写了不少，擦掉重写对不少孩子来说是不愉快的经历，不少孩子越擦越不喜欢写字，对做作业产生抗拒感。

> **正面语句例子**
>
> 子轩在写词语作业，妈妈在他开始不久后过去看看他的字写得怎么样。
>
> 妈妈："这一些字写在格子里，没有出界也很端正呢！"（指着写得好的字）
>
> 子轩微笑看看妈妈，继续写词语。
>
> 妈妈："这个也很好呢！呀，这个有一点走出去了。"
>
> 子轩："是的……幸好只有一个。"
>
> 妈妈："你想改一改吗？还是看看老师会不会改它？"

当孩子的行为不是单一而是具有重复性的，如写字、练琴、吃饭等，我们也可以使用"指出不理想行为中的正面行为，引导孩子改善"。如子轩写的字其实一直都不怎么好，妈妈认为这是子轩的不理想行为，但当行为具有重复性，孩子不是只写一个字，而是会在做作业时写很多字，总会有一些是合格的，我们就可以通过指出孩子其中的正面行为（在例子中是写得好的字），引导孩子改善。当面对重复性的行为时，父母很容易会习惯性地指出孩子错处或做得不够好的地方，而做得好的地方却没有被留意到，这也是不少孩子不喜欢生活中重复性任务的原因之一，"做得好是应该的，做得不好却会被责怪"，这是很容易令孩子感到气馁的。

指出其中的正面行为（如例子中的"这些字写在格子里，没有出界也很端正呢"），在意思上其实与我们直接告诉孩子什么做得不好差别是不大的（"都说要写在格子里面""你看这几个都出界了"），但<u>在孩子的角度，前者是赞赏，后者是批评</u>，区别就会很大了。字写得好不好，是很多父母烦恼的管教难题之一，不少孩子在幼儿园小班已经开始写字，我们在后面还会讨论与写字有关的正向行为处理法。

| ✗ 直接指出负面行为 | ✓ 指出不理想行为中的正面行为作引导 |
|---|---|
| 你可以坐得好一点不动来动去吗？ | → 现在坐得很好呢，屁股也留在椅子上（坐得好的时间不长也可以） |
| 不要再把饭掉在身上了。 | → 刚刚做得很好呢，把那一口饭全都放进嘴里，一粒也没有掉。 |
| （弹琴）你第一次明明弹准了，为什么现在弹不到准确的拍子了？ | → 刚才那一次弹得很好呢，拍子数得准也不容易，对不对？（包含了体谅孩子的元素） |

## 1.3 在可以的情况下，故意给孩子选择的空间

给孩子选择的空间是非常有用的正向管教技巧，即使我们知道孩子有些事情做得不够好，当我们向孩子表达的时候，如果包含了选择的空间，孩子愿意配合的机会其实也是很大的。当然，父母不能事事都给孩子选择，总有不少时间我们未必可以让孩子自行决定，因此，当情况许可时，父母有时也可以故意给孩子选择的空间，让孩子感受到父母的体谅，<u>把"需要孩子配合的配额（quota）"用在不可选择的情况</u>。

在子轩写字的例子中，妈妈除应用了"指出不理想行为中的正面行为"的技巧外，最后还给了孩子选择要不要把写得不好的字改正的空间（"你想改一改吗？还是看看老师会不会改它"）。对比赶着出门要孩子停止游戏，又或是测验来了要开始复习来说，词语作业可以算是没有很必要完全不给孩子选择的生活事项，因此，有些时候我们可以容许孩子选择要不要把不理想行为改好一点。这样做，一方面父母向孩子说明了比较理想的行为是什么，同时也让孩子学习判断和承担自然后果（我们会在后续再谈自然后果的应用）。

| 什么事情我们可以给孩子选择的空间? | 生活上的应用与表达 |
|---|---|
| **幼儿** | |
| 穿什么衣服出门 | 虽然好像穿这条合适一点,但你是不是想要那一件? |
| 你看孩子刚好有点情绪,环境安全但还是蹲在地上 | 你想现在起来还是再等一等?(其实孩子不一定要立即起来,因此,我们可以给孩子选择的空间去平复心情)。 |
| 与吃有关的选择 | (在餐厅)今晚你想吃意大利面还是披萨? |
| **年纪较大的儿童** | |
| 作业的字体、对错 | 你想改一改吗?还是看看老师会不会改它? |
| 放假或较轻松的日子里时间表上的先后安排 | 今天我们的时间比较多,你想先看一集动画片还是先练琴?(注意我们说了一集,虽然可以选择但也不会是过多的)。 |
| 购买衣服的款式、生活用品、图书种类等 | 你想买这个小百科还是侦探小说?(我们给孩子选择也有一定的范围,当然要是孩子会感兴趣的东西。) |

不要担心让孩子选择是否会宠坏孩子，让孩子做出选择能令孩子感到生活的自控权（sense of control）大了，孩子反而不用与父母在控制权上争执（power struggle），少了一个反叛与不合作的原因。有些时候父母让孩子选择改正行为与否，也能让孩子从另一个角度去了解行为还有改善的空间。

## 1.4 把可以协助孩子改善行为的物品与方法作正向演绎

为什么要提到正向演绎是可以帮助孩子改善行为的方法呢？因为在临床中常常听到父母说起孩子对一些原本是中性的行为改善方法或物品反感，应用在生活中非常困难，但当在了解之后就会发现，原来大人把那些方法当作惩罚使用了，令好方法不起作用，只好继续斥责孩子却又没有帮助孩子改善行为。我们先看一个吃饭使用定时器的例子。

**NG 例子**

5岁的乐明吃饭很慢，父母听说使用定时器可以帮助孩子吃饭快一些，就决定让孩子试试。

> 妈妈:"你吃得太慢了,我们今天开始吃饭要用定时器呢!"
>
> 乐明:"定时器是什么?"
>
> 妈妈:"它会计算你吃了多久,在它响起前要吃完,吃不完就会罚站!"
>
> 乐明:"我不要用定时器呀!"
>
> 妈妈:"谁叫你吃得慢,你吃得快就不需要用呀!"
>
> 乐明:"我不要用,我会吃快一些。"

结果孩子当天真的吃快了,但第二天就打回原形,和先前一样。妈妈尝试再用定时器,孩子不愿用,还因此哭闹起来。

在这个例子中,定时器原本是中性的物品,但因为它的作用是作为惩罚的指针("在它响起前要吃完,吃不完就会罚站"),孩子一开始就反感了。这时,定时器不只有惩罚的指标性,还蕴含了孩子做不到好行为的意思("谁叫你吃得慢,你吃得快就不需要用呀"),在这两个负面的前提下,还有谁愿意用这个定时器呢?不少协助孩子行为的方法与工具,如定时器、冷静角等,有时在一开始就被负面演绎,导致其永远派不上用场。因此,一开始正面解释这些

<u>协助孩子改善行为的工具与方法是很重要的,而即使孩子只是在协助下做到理想行为,我们也要对孩子的能力表示认同</u>,才能鼓励孩子努力与进步。在生活中应用时,可以如何正面解释这些原本用作规范孩子行为的方法呢?

**正面语句例子**

妈妈:"我们今天有个小帮手与我们吃饭——就是定时器!"

乐明:"定时器是什么?"

妈妈:"可以定下时间,到时间它就会响起来!"

乐明:"为什么要用定时器呢?"

妈妈:"我们还是小朋友时会不太清楚时间,时间过了也不知道,小帮手就可以提醒我们,让我们知道自己吃了多久。"

乐明:"可能我也需要小帮手……"

妈妈:"好呀!今天一起试试看!"

孩子当天吃快了,父母在过程中也有提醒孩子看定时器,吃完饭后……

妈妈:"乐明原来好厉害,只是一些小提示,也可以在规定时间内吃完饭呢!"

乐明高兴地笑起来:"原来我也做得到!"

在介绍可以协助孩子改善行为的物品时，我们可以使用小帮手、好方法这些正面用语让孩子知道我们不是要惩罚他，而是在与他一起解决困难。孩子一般也会对这些方法提出疑问，我们在解释时将孩子的疑虑平常化（normalize）也是很重要的，在例子中，妈妈说了"我们还是小朋友时会不太清楚时间，时间过了也不知道"，其实没有在特别说孩子吃得太慢，而是把吃得慢的原因合理地说出来，以解释此方法可以如何协助孩子改善行为。相对于直接指责孩子的不理想行为，孩子对使用方法的抗拒感自然会降低。

最后，孩子做得比日常好时（即使只是好一点也是

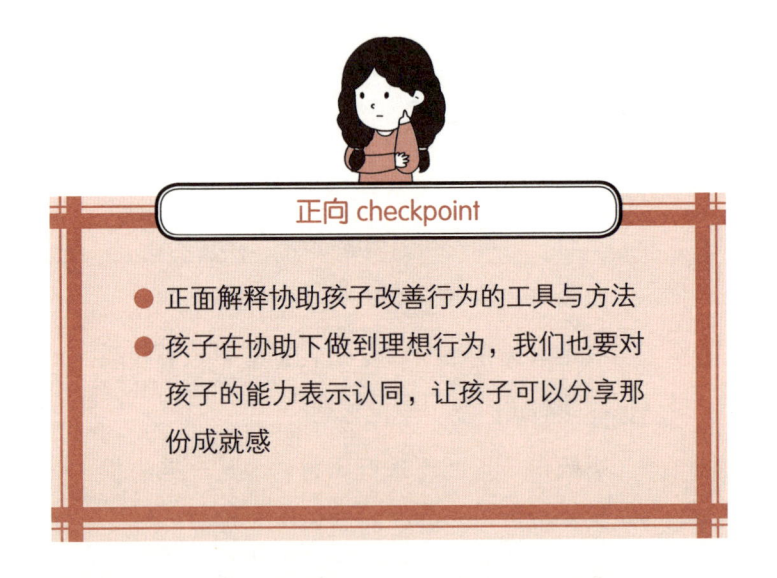

## 正向 checkpoint

- 正面解释协助孩子改善行为的工具与方法
- 孩子在协助下做到理想行为，我们也要对孩子的能力表示认同，让孩子可以分享那份成就感

良好的开始），我们也希望<u>通过与孩子分享那份成就感</u>（"乐明原来这么厉害，只是一些小提示，也可以在规定时间内吃完饭呢"）<u>而使孩子有动力再次使用这个好方法</u>。如果我们说成"看！有了定时器你就吃得完"，这样那份功劳就只是在于工具与方法本身，而不在于孩子的努力，就会失去鼓励的效果。

## 1.5 善用自然后果少用惩罚

孩子日常生活中的不理想行为可能也不少，在有些情况下，即使用了正面的方法告诉孩子或引导孩子，也未必一定可以协助孩子改善行为，在正向管教中自然后果也是一个令孩子从后果中学习、改善行为的方式。<u>自然后果</u>不是惩罚，我们只是用应该发生的结果让孩子明白行为对他们自己的影响，但不少父母在使用自然后果时误以为要与惩罚和责怪一同使用，就偏离了自然后果的原意。我们用一个简单的例子说明一下自然后果的使用。

**正面语句例子**

4岁的孩子吃饭时有时候会因为说话太兴奋，而不止一次不小心打翻自己的碗。
妈妈："哎呀，饭掉在地上了。"

孩子："怎么办……"

妈妈："你也帮忙一起把地上的饭清理干净吧！"

清理完毕，孩子坐回到自己的位子上。

妈妈："虽然不小心打翻了饭，你也很愿意帮忙，我们收拾得很干净对不对？"

孩子："是呀……那我的饭呢？"

妈妈："因为都倒了，所以没有饭吃呢！"

孩子哭了起来，妈妈抱抱孩子，安慰他当下的情绪。

在这个例子中，自然后果包括清理地上的饭和不会再有额外的饭吃。因为孩子都不再是刚开始自己吃饭的幼儿，同时也是时不时就会出现这种情况（不小心打翻自己的碗），因此，我们可以使用自然后果这种方法尝试让孩子明白行为的影响。值得注意是，<u>当父母使用自然后果时，我们也要顾及孩子的能力</u>，4岁的孩子未必可以完全自行清理地上的饭，所以妈妈<u>在这里的角色也是协助解难</u>，与孩子一同清理。我们说出后果时语气也应该是平和的，我们不会说出"现在罚你去清理"这些带惩罚意味的话，阻碍自然后果的使用。

当孩子知道自己要承担后果时（没有饭吃），不少孩子也会有情绪反应。此时，<u>父母的角色就是提供情感上的支持，</u>我们可以安抚孩子的情绪，但自然后果也是不会改变的。在可以跌碰的空间让孩子学习这个原则，越早开始使用比越晚好，在孩子幼儿期时就已经可以开始使用了。到孩子长大后，有一些问题如作业、收拾书包等，都是有自然后果的行为，孩子在家不希望改正，回到学校老师还是会改孩子的作业。习惯让孩子承担后果除了能帮助孩子从后果中学习，也可以正面培养责任感，不会长大后还要依靠父母替自己的行为或疏忽负责。

在家中使用自然后果，有时也要<u>配合之前定好的规则</u>

### 正向 checkpoint

- 自然后果不是惩罚，当父母使用自然后果时，也要顾及孩子的能力。
- 父母的角色可以是协助解难，或是提供情感上的支持，让孩子有能力做到好行为。

使用，让自然后果自然地发生，如定好家中的吃饭时间，到时间就一定会收拾，还可以让孩子协助收拾；Wi-Fi 到晚上11点就会自动关掉；与孩子练习记着把带出去的玩具带回家后，向孩子说明不会再给予提醒，让他好好保管自己的物品等。自然后果不是放着孩子不管，而是父母在整个过程中，可以为孩子提供"做得到"的方法与协助，只是最后的结果由孩子自己负责。

## 在写字与做作业上让孩子与父母配合的小提议

如果孩子的字写得不错，就不要再在抄写作业上紧盯孩子。

如果孩子的字容易写错，就在开始不久去看看孩子的进度，避免孩子全都错了才从头改。

对于不好看但不是错的字，无论孩子愿不愿意改，都不要改得太多。

可以的话给孩子选择，如果他在家中没有改正，老师也会更正他，这也是自然后果的一种。

幼儿尽可能少擦字，免得他们太早对写字反感。

万事开头难，如果孩子不太愿意开始做作业，宜以孩子认为容易的作业开始，但写字的作业也不宜放最后。

对于真的很不喜欢抄写的孩子，可以把抄词语作业分成三份，夹在其他作业中。

在做作业一事上，父母和孩子都在同一战线，就是都希望快点做完作业。

## 1.6 正向改善行为问题的 give and take

当我们考虑如何解决孩子的行为问题时，很容易被"应该如何解决问题、减少问题"的思考模式引领，而<u>忽略了孩子问题行为背后的需要</u>，以及孩子需要动力改善行为这个基础。如孩子要看着平板电脑的动画片才肯吃饭，如果我们只用解决问题的角度去思考这种情况，可能就会把平板电脑取走，孩子哭着不吃，就产生了下一个问题。但当我们从孩子的需要出发分析问题，我们得出的结论可能完全不一样，孩子可能是怕闷，可能是习惯了有人会给他看平板电脑，我们要处理这些需要与情况，孩子的行为才会正面改善。

<u>每一个行为问题背后都在反映孩子的某些需要，而不是单纯反映孩子的不合作</u>，这就是我们要使用奖励与辅

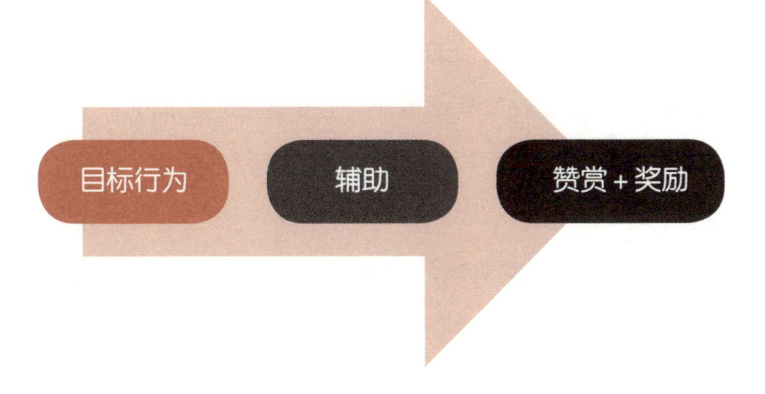

目标行为 → 辅助 → 赞赏 + 奖励

助的原因。当父母希望与孩子一起处理行为问题时,我们不只制止孩子的行为或取走(take away)他感兴趣的事物,也要有给予(give)的过程,按孩子的需要处理行为,会更容易事半功倍。

在子轩的情况中,妈妈之所以说要罚子轩而把他喜欢的漫画书扔掉,是因为留意到孩子的读书态度变差了。当我们与妈妈和孩子分析情况时,妈妈起初表示她的目标就是希望孩子读书态度有进步,其实不一定要子轩在成绩上有进步,只是觉得孩子好像不听她的话,就把重点放在分数上,原意是希望子轩上心一点,怎么料到孩子在感到压力与没有方法的情况下,竟然起到反效果。

当我们一起把目标拆分得更明确时,"希望读书态度有进步"实际上是"主动看书"和"留在座位上时间长一点",而子轩面对的困难与需要其实是他需要有人指导他读书,但又怕妈妈一坐到他身边就会从坐姿到学习都说他做得不够好。因此,妈妈非批判性(non-judgmental)的协助对于还是在二年级的子轩也是重要的。同时,妈妈与子轩一起定下学习时间与当中的小憩时间,让子轩更容易开始学习。

当我们有了更明确的目标后,其实也不会一步就成功,例如孩子可能第一天会兴致勃勃主动学习,第二天可能又忘记了学习时间，因此，<u>当孩子做到理想行为，实时赞赏与当天的奖励在开始时尤其重要</u>。而"留在座位上的时间长一点"的目标也需要时间才能一步一步做得更好，开始的时候父母可以把目标放到孩子可以做得到的范围内，孩子才会有机会做得到、被赞赏，才有动力继续下去。在过程中，我们不只取走表面上耽误孩子学习的娱乐，同时也提供方法、给予欣赏，才是令孩子行为改善的重要催化剂。

| 目标 | 明确目标 | 辅助 |
|---|---|---|
| 希望读书态度有进步 | 1. 主动学习<br>2. 留在座位上的时间长一点 | 1. 定下时间<br>2. 定下小憩时间<br>3. 妈妈非批判性的协助 |

同样的原理在年幼孩子的身上也适用，记得我们在上面提到孩子要看着平板电脑的动画片才肯吃饭的例子吗？当父母希望孩子不要看着平板电脑吃饭，我们也要先了解孩子的需要是什么。不少孩子之所以喜欢一边吃饭一边看动画片，是因为吃饭每天都做，很沉闷，而且看动画片会令孩子感到比较愉快，因而当我们取走平板电脑，孩子少了愉快感，也是变相感到被惩罚。在改变孩子行为的过程

中，我们会以替代品作为辅助，如父母的陪伴、小游戏、饭后的小奖励等，当孩子改正问题行为时（看着平板电脑吃饭），我们就可以慢慢合理地减辅助品。

面对孩子行为问题，父母不是只想看到不理想行为消失，也希望好行为增加。孩子一天只有24小时，多做了好行为的同时不理想行为也会相应减少。希望好行为增加，我们不只着重取走令孩子出现行为问题的物品与因素，也要按孩子的需要给予辅助和正面鼓励，才能使好行为持续下去。

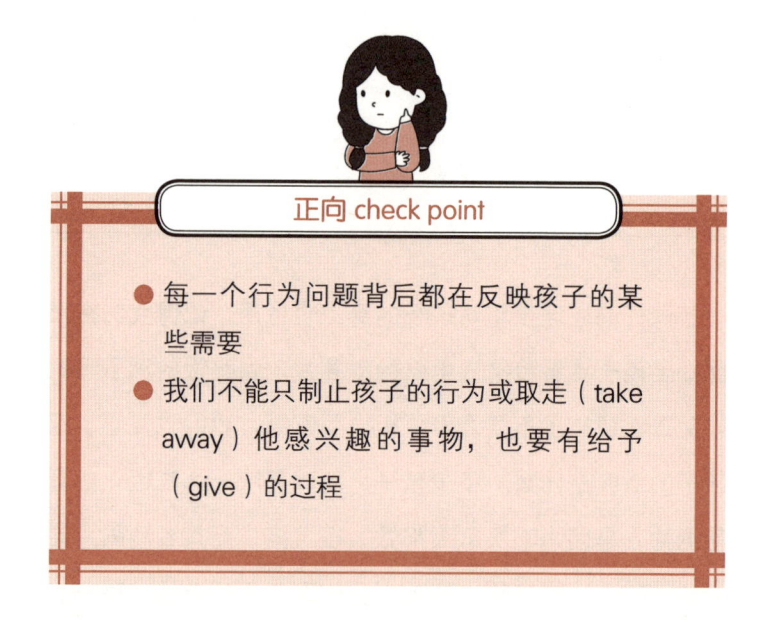

### 正向 check point

- 每一个行为问题背后都在反映孩子的某些需要
- 我们不能只制止孩子的行为或取走（take away）他感兴趣的事物，也要有给予（give）的过程

## 1.7 内在动力与外在动力配合，以正向角度推动孩子

当我们谈及以正向方式改善孩子的行为时，不可不提的就是孩子的动力。孩子的动力是改善行为的重要因素，在子轩的情况中，我们看得到他似乎缺乏动力改善学习情况，当然太多否定也是孩子缺乏动力的主因，不过如果我们不想常常纠正孩子，提高孩子的动力来正面改善行为就是一个好方法。

在心理学的角度中，内在动力与外在动力就是驱使我们行动的重要因素，两者互相配合则增加与维持了孩子的学习动力。<u>内在动力</u>（intrinsic motivation）<u>是指发自内心的动力</u>，例如，孩子到了3岁左右常常每件事都问为什么，其实就是内在的好奇心使他们想更了解生活中不同知识的表现。兴趣与好奇心虽是内在动力，但对于一些重复性高的学习，如写字、学音乐等，光靠兴趣与好奇心未必可以把学习动力维持下去。因此，成就感与自我价值的体现就会起到推动的作用。

幼儿在学走路与其他生活技能时，成就感便是很强的推动力，他们失败了还是会继续尝试。这也是学习不应只限于读书的原因。孩子与生俱来就有不同的长处与技能，

有些孩子可能喜欢语文，有些孩子喜欢数学，也有孩子喜欢科学知识、运动、艺术等。如果学习只等于成绩与分数，孩子看不见自己学习成绩突出，成就感就会减弱；相对地，孩子在不同范畴的学习中见到自己有所成就，整体生活的动力就会增加。

当人开始长大，单靠内在动力也是不够的，最容易理解的是，一般人不会在没有工资的情况下工作，工资就是外在动力（extrinsic motivation）的一种。但小朋友不需要工资，常常以买玩具作为奖励也不是理想的做法。<u>外在动力可以包含不同的因素</u>，如赞赏、父母的陪伴、游戏时间等，要小朋友轻松面对自己兴趣较低的学习项目，外在动力的配合就变得格外重要。上面我们提到当孩子做到好行为与目标后，我们就要给赞赏与奖励，就是运用外在动力，对孩子的好行为做出正面的反馈（feedback）。我们也可以看看下表参考外在动力的种类与生活上的应用。

## 外在动力的种类与应用

| 外在动力<br>（extrinsic motivation） | 例子与应用 |
| --- | --- |
| 赞赏 | ● 当孩子完成作业/家务时，可对孩子说"看到你这样努力，我很高兴"<br>● 年幼/耐性较低的孩子需要比较频繁的赞赏<br>● 从孩子年幼开始为家庭建立互相赞赏的习惯<br>● 可以增加孩子的内在动力<br>★ 第四步"不做过分严厉的爸妈 父母情绪篇"会有更详细的赞赏解说 |
| 被认同 | ● 被认同可以是非语言的，如父母的笑容、点头<br>● 可以用外在形式，如学校排名、比赛奖项等获得认同<br>● 即使年纪较大的儿童/青少年，也需要在生活与学习中被认同 |

| 外在动力（extrinsic motivation） | 例子与应用 |
|---|---|
| 实质奖励 | - 奖励可以分为日常性与累积性<br>- 日常性奖励可以是细微的，如小糖果、水果、贴纸，适合用于小朋友的日常生活中<br>- 累积性奖励需要在目标达成后才出现，如一个星期练习3次乐器，周六就可以到公园玩，在年纪较大与耐性好的孩子身上比较见效<br>- 奖励目标最好是过程而不是成果（如努力练习是过程，分数是结果） |
| 非实质奖励：父母的陪伴 | - 父母的陪伴对孩子来说是具有鼓励性与快乐的事<br>- 陪伴可以是奖励，也可以是单纯陪伴，或与孩子做他们认为不容易的事<br>- 陪伴的时间最好是非批判性的，过多的批评会令孩子抗拒父母的陪伴 |
| 非实质奖励：游戏时间 | - 游戏时间也可用作奖励，多了解你的孩子喜欢什么游戏可帮助规划奖励<br>- 游戏可长可短；可以在户外也可以在家中<br>- 电子游戏不宜常常用作奖励 |

> **正向 checkpoint**
>
> 内在动力可以培养，外在动力需要父母与孩子一起努力。

## 1.8 成为孩子的动力一部分：父母对孩子的正面期望

我们常常说对孩子要有正面期望，那正面期望到底是什么呢？子轩的妈妈也认为自己对孩子有正面的期望，常常鼓励他去做到好行为，但她不少的期望也是孩子的弱项，如孩子作业容易有错漏，就期望他的功课有一天不再有错，可是孩子一直都做不到，这是正面期望还是压力？

正面期望不仅包括我们希望及陪伴孩子做到好行为，也包含我们对孩子能力上的理解与接纳，最重要的是让孩子知道即使他做得不够好，父母对他的爱与支持是不会改变的。正面期望可以成为孩子学习与面对挑战的动力，也可以帮助父母与孩子维持良好的亲子关系。

### 期望与正面期望的分别

| 期望 | 正面期望 |
| --- | --- |
| 期望孩子做到他做不到的事 | 让孩子理解以他现在的能力可以做到的事 |
| 定下最终目标 | 把目标拆分，一步一步定立目标与期望 |
| 希望孩子可以做到 | 与孩子一起做，一起想办法达成目标 |
| 失败了再定下相近的目标 | 失败了先照顾孩子的情绪，再与孩子一起理解原因，也保持希望<br>*第四步"不做过分严厉的爸妈父母情绪篇"有与孩子谈失败的方法 |
| 你做得到才是爸妈的好孩子 | 你的努力就代表了你是好孩子，做到了爸妈会和你一样很高兴 |

## 2 了解孩子说谎的原因

在众多的行为问题中，说谎是其中最令父母关注的一种情况，年幼的孩子也会说谎，但年长的孩子说谎一般情况后果更大，所以更令人担心。在子轩的例子中，其实说老师没发测验卷不是他第一次说比较严重的谎言，后来我们发现孩子是故意少抄作业项目，虽然他没有少交作业，但原来他是想逃避妈妈与他检查作业的过程，因而隐瞒妈妈他有什么作业。

孩子为什么要冒险说谎呢?

孩子说谎一般与三个情况或原因有关。

## 2.1 隐瞒做错了／做不到的事

不少孩子说谎的原因都是希望自己做错了的事不会被父母或老师知道，又可能是因为他们做不到，所以想要隐瞒自己做不到的事情而说谎。这个情况可大可小，在生活中有一些孩子为了隐瞒自己弄坏了家中某些物品而把责任推到年幼的弟妹身上，这些可能是家中常发生的事情；一般较严重的涉及学校，如在学校做错事又不想让父母知道，因而就要说谎去隐瞒事实真相。孩子在这些情况中都是<u>害怕被责怪与惩罚</u>，如子轩知道妈妈见到他的作业有错处或做得不够好，就常要他改，并在言语上责怪，<u>孩子没有更好的方法应付这个情况或处理被责怪的负面感受</u>，于是想用谎言隐瞒问题，说成学校没有布置作业，甚至不让妈妈知道学校发了测验卷。

## 2.2 逃避问题

逃避问题的性质可以是问题还未发生，又或是逃避已经发生了的问题而使孩子说谎。这个情况可以在年纪很小的孩子身上发生，如有些孩子在2~3岁就懂得因为不想吃某些食物而假装肚子痛，一般在父母发现后就不敢再说谎。也有一些孩子会想逃避已经发生了的问题，如曾经遇到过初中生因上钢琴课迟到而被老师责怪，下一次再知道自己会迟到时就不去上课；也有年纪较大的孩子即使没有人责怪他，但希望逃避自己学得不好的数学而找借口不去考试。因逃避问题而说谎，很多时候<u>与孩子处理问题的能力与接受自己的弱项有关</u>，也有些与隐瞒相似，因害怕被责怪而用说谎来逃避问题。

## 2.3 希望得到关注或得到现实中没有的生活状况

当孩子没有得到正面关注时，有时候他们也会通过说谎来获得成人的关注。这种情况既会在年幼的孩子身上发生，也会在大孩子身上发生。而年幼孩子的谎言除了希望得到关注外，也可能与他们希望得到现实中没有的生活状况有关，这些谎言可能与同学和生活情况有关，但父母细问下去却发现未必真有其事，如明明家中没有小动物，孩子却对其他人说自己家中有只小狗，这其实是孩子心里很希望自己有只小狗的心理反射。也有些孩子把自己说成不懂作业内容常常要父母陪伴做作业，却被发现不是真的不会做而是想要父母的陪伴。

这一类谎言的主要成因是孩子没有得到足够的关注或他们希望拥有的生活状况，但足够与否是很个人化的，有些孩子的需求会比同龄的孩子大，也会受家庭状况，如因父母都需要工作而孩子感到寂寞、父母离异、弟妹出生等因素影响。

> 如果惩罚不能解决孩子的谎言，如何让孩子不再说谎？

> 父母需要先化解孩子对说真话的恐惧。

当父母知道孩子不止一次有说谎的行为时，一般也会像子轩妈妈一样害怕，因为我们会想除了惩罚之外，又有什么方法令孩子不害怕被责怪呢？如果孩子想逃避被责怪，惩罚不是加深了他的害怕吗？在正向管教的理念中，我们不会用惩罚去对待害怕被惩罚的孩子，在说谎这个行为上也一样。如果父母发现因为自己的惩罚用得太重，所以孩子感到害怕，我们会先从<u>"化解孩子对说真话的恐惧"</u>入手，同时也可以告诉孩子<u>"培养说真话是值得欣赏的态度"</u>，帮助孩子不用再说谎。

孩子的谎言如果与害怕做错事被责怪或惩罚有关，我们先要化解孩子对说真话后果的不安，与孩子交流他做错事后的感受，同时让孩子知道，我们可以一起想想除了惩罚与责怪有没有更好的处理方法，这样，孩子会对说真话感到安心。我们再看看在子轩的情况中，妈妈可以如何化解子轩对说真话的恐惧。

**正面语句例子**

妈妈："其实你是不是很害怕我知道你成绩差了，所以说谎呢？"

子轩点点头："对呀……"

妈妈："我说过什么让你害怕？"

子轩不作声。

妈妈："不用怕的，妈妈只是想了解你，也想知道我们可以怎样一起进步。"

子轩开始哭起来："因为你说过要扔掉我的漫画……"

妈妈抱抱孩子："妈妈见你最近很少用心学习才这样说，不知道你会这么害怕呢……"

子轩："我很喜欢我的漫画书呀。"

妈妈："妈妈明白这个惩罚对你来说真是太重了，我们应该一起想个好一点的方法学习，对不对？"

子轩点点头。

当我们想与孩子沟通说真话的恐惧时，可以先从孩子的情绪入手（如例子中的"其实你是不是很害怕我知道你成绩差了所以说谎呢"），让孩子可以安心与父母交流他说谎了这个话题。当孩子可以安心地说出自己的感受后，父母就可以让孩子明白原来的责怪或惩罚不是为了令孩子害怕，而是希望可以帮助孩子改善行为。我们想化解孩子对说真话的恐惧，<u>最重要的是让孩子知道责怪与惩罚不是父母的原意</u>（如例子中妈妈说出"妈妈见你最近很少用心学习才这样说"，这才是妈妈的原意）。大家还可以一起找出更好的方式处理做得不够好的行为，让孩子不惧怕说真话，同时减少对父母的恐惧。

> 让孩子明白培养说真话的习惯是值得欣赏的态度。

当孩子对说真话的恐惧降低后，我们也希望让孩子明白培养说真话的习惯是值得欣赏的态度，<u>以正向的角度鼓励孩子诚实</u>。如果说谎的情况是比较简单或不严重，我们可以在生活中当孩子承认错失和说真话的时候，以"虽然你做错了事，不过我很欣赏你能说真话"的语言正面响应

孩子的诚实。如果孩子像子轩的情况那样,在说谎后被发现了,同样也是一个鼓励孩子说真话、让孩子明白说真话是值得欣赏的机会。我们如何与孩子从错误中学习到说真话的重要性呢?

**正面语句例子**

妈妈:"其实你一直不告诉我学校发试卷了,心里有什么感觉?"

子轩:"我也很害怕。"

妈妈:"怕我知道分数?"

子轩:"也怕你知道我说谎了。"

妈妈:"比起分数差了,说谎好像问题更严重呢……"

子轩:"我知道……"

妈妈:"而且一直隐瞒着感觉也不好受?"

子轩:"对呀!"

妈妈:"说真话可能不容易,但是应该会比隐瞒舒服一点,现在说出来了,你觉得怎样?"

子轩:"感觉好了很多,不用一直担心了!"

> 妈妈："说真话是很有勇气的表现，如果你可以如实说出的话，妈妈也会很欣赏你呢！"
> 子轩点点头。
> 妈妈："我们每个人都会做错事，下一次你做错事时，如果可以诚实，妈妈也会体谅你的。"
> 子轩："妈妈你也会做错事吗？"

当孩子已经说谎了，除了化解孩子害怕被责怪的感觉外，我们也可以<u>从说谎后不好受的感觉入手</u>（例子中妈妈说的"而且一直隐瞒着感觉也不好受"），带出诚实是更好的行为这个信息（"说真话可能不容易，但是应该会比隐瞒舒服一点"），从而鼓励孩子说真话。最后，最重要的当然是<u>指出说真话与诚实是父母欣赏的行为，并让孩子知道每一个人都会做错事，父母会体谅诚实的孩子</u>，平复孩子对做错事担心的同时，也为孩子将来诚实的行为打一支强心针。

在孩子害怕被责怪的情况中，我们也需要教育孩子正确面对错误的方法，如孩子其实可以就他做得不好的事（如弄坏了家中的物品）向父母道歉，而父母会接纳与欣赏会道歉的孩子；同样的情况在学校也适用，虽然做错事真的有可能被老师惩罚，但被老师惩罚几乎是每一个孩子（甚至父母自己）都面对过的情况，我们更看重的是找出做得更好的方法，协助孩子直面错误与改善情况，不用再以说谎的方式掩饰过错。

如果年幼的孩子说了比较简单的谎言时，轻轻地告诉孩子你知道真相，其实已经可以让孩子知道说谎不是有用的办法（如在孩子要父母陪伴做作业的例子中，对孩子说出"其实我知道你是想要让我们陪伴对不对"）。鼓励孩子说真话，并在他说出真话后给予正面响应（如答应合理的要求和赞赏），一般就已经足够让孩子知道诚实是更好的行为。如果留意到孩子需要的是关注，也可以参考第一步"孩子心理与行为　理解篇"谈关注的章节和孩子的情绪和赞赏部分，在生活上与孩子建立安全感和正面关注。

# 后记

## 不安的谎言也包含对妈妈的爱？

在子轩的故事中，其实看到很多令人感到矛盾的情况。他一方面很怕妈妈的责怪，另一方面又为了不被责怪而冒险去做后果更严重的事；同时在妈妈的角度，自己从小到大都是守规矩的孩子，可是对孩子的期望与担心却成了孩子的压力。子轩与妈妈的关系其实是不错的，平常有说有笑，子轩喜欢与妈妈在一起，但又怕妈妈失望。

在会诊初期，妈妈对孩子怕自己失望这个情况是带有怀疑的，因为如果孩子怕她，为什么还发脾气？为什么不按照妈妈的指示努力学习呢？其实细看子轩的能力与学习，他的表现是中等水平，和一般的孩子一样，有自己的长处也有自己的弱项，只是在生活中，不论是孩子还是妈妈都一直想着改善弱项，孩子在这个过程中感到迷茫与灰心，慢慢形成了情绪，不愿再在自己的弱项中纠缠。但他怕妈妈失望的心却没有改变，没有更好的办法，只好说谎隐瞒问题。

子轩很怕妈妈会扔掉他的漫画，那子轩喜欢的漫画到底是什么呢？当时他回答自己最喜欢的是《角落生物》，觉得角色可爱而且故事很有意思。那时我对这本漫画只有些表面的认识，于是回应了子轩"好像是说每个角色其实都有自己的价值吧"。子轩看着我，眼睛带点闪烁的微笑地点点头。后来了解到《角落生物》故事的意义，更加感受到也许子轩在觉得自己不够好的同时，也希望找到令自己安心的感觉。

　　子轩的妈妈后来试着用正向方式与孩子相处，少用惩罚，也用了更正面的语言与孩子谈改善行为，当然也包括接纳孩子的特质与减少直接批评。有一次子轩回来复诊，很愉快地告诉我："最近妈妈很少再说我了！我好开心！"而且因为功课做得好了，妈妈送了一本新的《角落生物》漫画图书给他。妈妈看见自己与孩子的相处有所改变后，孩子的情绪真的好起来，没有再常常发脾气，当然也没有再说谎了，对自己与孩子的相处方式有了更大的信心，而子轩应该也找到了安心的感觉吧！

## 第三步

## 让孩子幸福

### 孩子情绪篇

## 会诊室中孩子的心事

### 情绪敏感，常常失落担忧的俊希

俊希的妈妈发现孩子自4~5岁开始，有时会说自己感到不快乐与担心。俊希是个聪明但情绪比较敏感的孩子，而父母都是双职工，晚上才有时间陪伴俊希，当俊希跟他们说起自己感到不快乐与担心时，妈妈不知道如何响应他。

如他在上幼儿园时就已经会表达自己很想念爸爸妈妈，不希望父母因工作而不能多陪伴自己；到上小学后，他又担心自己成绩不够好，老师会不喜欢自己。妈妈努力尝试响应俊希的感受，但交谈很容易越谈越难收尾，妈妈发现自己说来说去都是"妈妈知道你不开心""我也很想念希希""希希成绩不好又有什么好担心呢"，好像一直都不能真正安抚孩子。

另外，白天照顾俊希的主要是家中长辈，他们常认为俊希已经很幸福了，不应该感到不快乐，他们觉得俊希的妈妈因为常常响应俊希的感受，才使孩子常常想着自己不快乐的事。他们听到俊希说起自己的感受，一般都会以

"小朋友有什么好不开心的""好多人比你惨都没说不开心"去响应，希望借此能够化解俊希的情绪感受。

　　后来，学校的老师向俊希的妈妈反映，孩子有时会在回答课堂问题时好像回答不出问题，但事后再单独问他又可以回答，然后俊希在老师引导下说出自己曾经有一次在课堂上答错了问题，自从那时候开始在课堂上回答问题就很容易感到紧张。后来在老师安慰与鼓励下，俊希的情况有所改善，老师希望俊希的家人也可以帮助他学会处理情绪及感受。

# 1 与孩子天天"谈情":基本篇

其实我们也不是不习惯与孩子谈情绪,只是不少父母随着孩子长大而越来越少与孩子"谈情"。还记得孩子刚上幼儿园时,放学回家我们常常紧张地问他:"今天上学开心吗?"不过孩子长大后我们要顾及的生活细节多了很多,所以放学后见到孩子时问的问题都变成了"做完今天的作业没有""这次默写多少分"。<u>与孩子习惯天天谈情绪,除了可以帮助孩子抒发情绪外,也是建立良好亲子沟通的方法</u>。在儿童成长的发展研究中发现,爸爸妈妈与孩子多在生活中保持"情绪对话"以及讨论孩子的情绪,除了有助于孩子增进情绪理解,也影响着孩子的情绪反应调节。而孩子的情绪应对能力,也与孩子的社交发展、人际关系、情绪健康和学习表现息息相关。情绪应对能力受先天与后天因素影响,而<u>父母与孩子的情绪对话就是其中一个影响着孩子情绪应对能力的因素。</u>

在这一章,我们会一起探讨与孩子在生活上各式各样的"谈情"技巧。

孩子有时生活不开心，父母应该如何与孩子交谈才能正面培养孩子，让孩子幸福呢？

谈"不好"的也谈"好"的——响应情绪时保持话题的多样性。

当父母与孩子谈情绪时，常常发现自己难以掌握对话气氛。如在俊希的例子里，他一直说着自己不开心的事情，父母却不知道如何用对话安抚俊希。难以掌握对话的问题出在哪里。不少人都知道我们要回应孩子的感受，但如果只停留在响应感受，我们会很容易一直强调那些感受，而不能为这段对话找到出口，使孩子越谈情绪越低落；但同时，我们也不希望只轻轻带过（dismiss），让孩子感到自己的情绪被忽视。

在俊希的例子里，当妈妈只回应情绪时，我们会看到以下的情况：

**NG 例子**

俊希:"我很想念爸爸妈妈,如果你们不用工作就好了。"

妈妈:"妈妈知道你不开心……"

俊希:"那你不去工作可以吗?"

妈妈:"我也很想念希希,但我不可以不工作呀!"

孩子失落地低着头……

从以上的对话中,我们只谈了寂寞的感受,虽然响应了感受,可是难以把话题延伸下去,而整个谈话内容也有失落的感觉。如果我们可以使用运用问题的技巧保持话题的多样性,效果会不一样吗?

**正面语句例子**

俊希:"我很想念爸爸妈妈,如果你们不用工作就好了。"

妈妈:"我不在家里时你想念我?你最想和我做什么呢?"

俊希:"对呀!想听爸爸妈妈讲故事,和我玩耍。"

妈妈:"我也想念希希呢!现在妈妈和你一起,你觉得怎样?"
俊希:"好开心!"
妈妈:"(微笑并摸摸孩子的头)要不要一起看故事书?我也想看看那本书。"
孩子微笑点头。

如果我们可以转变与孩子谈情绪的方式,除了<u>响应感受</u>,也运用问题来了解孩子的<u>想法</u>。在感受方面,我们在不同的时间会有不同的情绪,把孩子带到<u>当下</u>,感受当下的情绪,可以帮助孩子从不同的角度了解自己的感觉,也可以帮助爸爸妈妈延伸话题。

### 正向沟通重点

不轻轻带过与孩子情绪有关的话题,除了响应孩子感受,也可以运用问题把话题延伸。

父母要以帮助孩子多表达自己的感受与想法为本。

当我们倾听孩子说话时，很容易就会加入自己的想法，给孩子说的话下了定论，孩子不能表达自己的想法，又怎能抒发自己的感受呢？而且，当孩子每次与父母谈自己的想法与感受时都很快被中断，久而久之，他们就不再愿意和父母谈心事。

**NG 例子**

俊希："我怕考得不好，老师会不喜欢我……"

妈妈："老师怎么会不喜欢你呢！你这么乖巧！"

妈妈虽然回应了孩子，但妈妈一开始便下了定论，孩子便不能说下去，我们也了解不到孩子这份担心背后的想法与感受。如果我们想让孩子多表达自己的感受与想法，可以怎么做？

**正面语句例子**

俊希:"我怕考得不好,老师会不喜欢我……"

妈妈:"老师有这样对你说吗?"

俊希:"没有呀,只是我觉得可能会……"

妈妈:"你是不是有点担心考试?"

俊希点点头:"是呀。"。

妈妈:"我们不会每次考试都取得高分的,这很正常啊,妈妈也没有考好过呢!如果考得不好,我们会怎样?"

俊希:"我考得不好……妈妈你会不开心呀……"

在以上的例子中,妈妈在对话中保持好奇心,了解孩子担心的来源,也想探讨孩子的想法,没有为孩子的感受(担心)过早做出假设,于是孩子可以有空间表达并了解自己的想法和感受,同时也协助妈妈发现,孩子其实也不只怕老师不喜欢,还怕妈妈失望。只有真正了解到孩子情绪的来源与想法,我们才可对症下药做出有效的回应。

> 倾听是最好的交流,父母不要急于加入自己的意见。

我们掌握了照顾孩子情绪的对话技巧后,就来到了<u>对话最重要的元素——倾听</u>。当孩子习惯了与你谈心事和情绪,我们可以用开放的态度听听孩子想说什么,让孩子感到被理解并愿意多说下去。爸爸妈妈在听孩子说话时,很容易因为自己"大人"的身份,而急于说出自己的意见或判断孩子的对错。

**NG 例子**

孩子:"我今天被老师罚了。"
妈妈:"你一定是做错了才被罚吧,那你知错了没有?"
孩子:"知道了……"并低着头。

在上面这个例子中,我们一开始就判断了孩子是错的,也没有考虑到孩子即使做错了事,但被罚后可能有不安与内疚的感觉。

心理治疗大师阿瑟·弗里曼(Arthur Freeman)于

2013年曾到中国香港授课，有人问他，什么方法最能让人感觉到我们的同理心呢？他笑着边点头边向台下说："哎呀……"台下的人听到这个答案会心一笑。当孩子说起自己的感受与不安时，<u>只要点点头并给予最简单的响应，就已经能给孩子空间去表达自己的感受，并感觉到父母理解自己。</u>在上面的例子中，如果想倾听下去，我们应怎样回应呢？

**正面语句例子**

孩子："我今天被老师罚了。"

妈妈（点着头说）："这样啊……可以多讲一点给我听吗？"

孩子："全班同学也一起被罚呢！我们上课时太吵了，老师没办法讲课。"

妈妈："哦，原来是这样。"

孩子："其实我们真的是太吵了。"

妈妈（微笑与点头）："听起来也好像是。"

孩子："希望老师明天不再生气就好了。"

在这段对话中，妈妈的角色<u>主要是听孩子说出事情，</u>并给孩子说下去的空间，妈妈的响应一直也<u>没有把自己的</u>

*意见加上去，*不只让孩子感受到被倾听与理解，也引导孩子自己说出错处。孩子愿意和喜欢跟父母交谈生活上遇到的问题和感受，比起我们急于一时"指导"孩子更重要。如果你成为孩子的倾诉对象，不只在孩子的幼儿和儿童时期有用，更是为青春期作铺垫，让孩子不害怕与你分享困难和心事，在他们真的有需要时愿意让你知道。

常有父母在我们的会诊室里第一次听到孩子说出学校中遇到问题的来龙去脉，并描述自己的感受，令父母感到惊讶。当中其实没有什么神秘技巧，你也可以做得到！

**正向聆听重点**

学习说"接着呢"，并用点头与微笑响应孩子，你与孩子的沟通和相处会更深入！

## 2 与孩子天天"谈情":挑战篇

> 从大吵大闹、发脾气到平静下来——怎样用言语让我以正面态度应付孩子的负面情绪?

> 响应孩子的负面感受时,要先留意到孩子"有"负面感受,让孩子感受到你了解他们。

一般我们可以从两种情况中看到孩子的负面情绪:一是从孩子的行为中观察到,如发脾气、不合作等;二是孩子自己说出他们的负面情绪。如果孩子可以自己说出自己的负面情绪,父母的烦恼会少一些;但不少孩子未必会在感受到负面情绪时,用言语直接表达出来,通常是用行为表现出来,这就是令爸爸妈妈头痛的地方。不要以为只有年幼的孩子才会用行为表现情绪,这种情况在青少年甚至成年人身上也会发生。

## 幼儿的负面情绪与行为

> 晚饭时，爸爸妈妈在说今天工作的事，4岁的孩子也坐在一起吃饭。
> 
> 孩子："我不要这个意大利面了……"
> 
> 妈妈："为什么呀？这是你最喜欢吃的肉酱意大利面呀！"
> 
> 孩子："我不想吃（看起来样子很不高兴）。"
> 
> 妈妈："你又发生什么事了，意大利面一点问题都没有。"
> 
> 孩子开始大哭了起来，爸爸妈妈完全不知道应该对孩子说什么。

如果家中有幼儿，相信这种情况你不会感到陌生。不少孩子在2~3岁，会开始有自己的主见和想法，同时也会有不满，但在表达自己的不满时，却不会直接说出来。有些孩子会因年幼而无法完整表达自己的想法，也有些孩子是因为其他原因，如不知道表达了父母会怎么想，或是表达不满很多时候只会被责怪等，这些原因使他们不愿说出心中所想。

即使我们未必能完全掌握孩子"为什么"有负面感受，我们也可以通过响应孩子，并以正向态度拆解负面情绪。不过在学习拆解前，我们再多看一个例子，大一点的孩子是怎样用行为表达情绪呢?

> 澄朗是个五年级的男孩,今天他放学回家,脸上没有了平日的笑容。
> 妈妈:"你今天怎么了?"
> 澄朗:"没事。"
> 妈妈:"为什么这样的表情?"
> 澄朗:"我都说了我没事!"
> 妈妈:"但你的样子不像没有事……"

妈妈都没把话说完,澄朗就回到自己的房间并关上房门。妈妈问其他同学的父母,得知孩子好像在学校和自己的好朋友打架了,虽然大家都没有受伤,却被老师罚留校了。(有关澄朗的故事与情况,我们会在第四步再谈。)

随着孩子越来越大,如果我们一开始没有与他们建立良好的亲子沟通,他们对父母说的心事会比小时候更少。即使日常与孩子的沟通问题不大,但青少年时期的孩子有负面情绪时,有时会一言不发,有时又会特别容易发脾气;有些孩子会借着玩电子游戏麻醉自己的负面情绪,甚至自己也不知道自己的情绪压力爆表,所以即使孩子长大了,也不代表与他们谈负面情绪会比小时候更容易。

## 2.1 第一步：接纳孩子的不快与负面情绪

接纳孩子的不快与负面情绪，是我们与孩子以正向态度看负面情绪的第一步。如果我们对待负面情绪的态度，是希望它快点消失并认定负面情绪为"不好"，我们便以告诫的方式告诉孩子负面情绪是不被接纳的，为他们的心理健康带来长远的影响。有时候，孩子的负面情绪也包含了对父母发脾气，不少父母会问，难道我要接纳孩子乱发脾气吗？当然不是。虽然我们未必认同孩子<u>不开心或生气的原因</u>，但不代表我们不接纳<u>不开心或生气的情绪</u>。

谈到接纳不快与负面情绪，不少人也会想，我真的有不接纳孩子的负面感受吗？除了比较极端的说法，如"不准不开心"外，一些在与孩子相处时常用到的字眼，如"快点笑起来""不准喊""你再喊我就不带你回家了"等，都带有不接纳孩子负面感受的意思。

另一个会让孩子<u>感受到不被接纳的常见说法是"为什么"</u>。"为什么"字面上可以解读成想知道原因，但更多时候用于表达我们的不接纳与不满。看见孩子不开心或发脾气，如果我们问"你为什么发脾气了"，感觉会是责怪多于想了解。再者，正处于不开心或发脾气的孩子（甚至是成人），一般也很难在当下就解释清自己的负面情绪，让我们试试换个更好的说法吧！

## 2.2 第二步：不否定 + 不忽略，正面响应孩子的情绪

当我们开始第一步，尝试接纳孩子的负面情绪，就可以学习正面响应孩子的情绪。很多时候即使爸爸妈妈不知道孩子不高兴的原因，至少也知道"不高兴"这种情绪是存在的，因此当我们响应孩子时，就可以从这种情绪入手。

回到刚才"幼儿的负面情绪与行为"的例子：

> 晚饭时间，爸爸妈妈在说今天工作的事，4岁的孩子也坐在一起吃饭。
> 孩子："我不要这个意大利面了……"
> 妈妈："为什么呀？这是你最喜欢吃的肉酱意大利面呀！"
> 孩子："我不想吃。（看起来很不高兴）"
> 妈妈："你又发生什么事了？意大利面一点问题都没有。"

当孩子已经表现出很不高兴，但我们却不知道来龙去脉时，响应孩子的情绪最好的方法其实是先了解孩子的问题与感受。在这个例子中，妈妈回应了"你又发生什么事了，意大利面一点问题都没有"，看起来是一个普通的回应，但当我们知道孩子情绪有起伏时，选择回应事件，就

第三步 让孩子幸福 孩子情绪篇 99

无意间忽略了孩子的负面感受。如果我们想从响应情绪开始，可以怎么说呢？

**正面语句例子**

晚饭时间，爸爸妈妈在说今天工作的事，4岁的孩子也坐在一起吃饭。

孩子："我不要这个意大利面了……"

妈妈："为什么呀？这是你最喜欢吃的肉酱意大利面呀！"

孩子："我不想吃。（看起来很不高兴）"

妈妈："你看起来好像不开心了……"

孩子没有说话，但点了头。

妈妈摸摸孩子的头并说："我也感受到了，有什么事吗？"

孩子："我等了很久，你们也没有和我说话……"

在以上的例子中，妈妈看到孩子不高兴后，她的响应不是与事件有关，而是转为正面响应孩子当下的情绪，所以妈妈就以描述她看到的情绪作响应（"你看起来好像不开心了……"）。描述孩子当下的情绪，可以令孩子感觉到自己被理解（being understood）。一般而言，即使孩子开始有脾气或哭起来了，描述孩子当下的情绪可以说是成功让你与孩子站在同一阵线的好方法，同时也可避免他们因感到不被理解而发更大的脾气。当孩子也认同妈妈的描述后，不要太急于下结论，如果我们有机会，比如例子中孩子静了下来，便可以<u>再一次向孩子表达你的同理心</u>（"我也感受到"），孩子清楚地感到自己被明白而没有被责怪，就会更容易向父母说出自己不开心的原因了。

在有些情况中，我们知道孩子为什么不开心，但我们未必很愿意或懂得响应他们的情绪，如果孩子故意不合作，不配合指令并发脾气，还可以用相近的方法正面响应孩子的情绪吗？我们看看另一种在街上发生的情况。

> 孩子："我不走！我要继续玩。"
> 妈妈："但真的没时间了，我们说好下午三点要离开的！"
> 孩子："但我还没有玩完呀……"

妈妈尝试"拎走"孩子，但孩子赖在地上大哭，而且他的力气不小，妈妈不能强行拎走他，孩子一直在哭，妈妈不想破坏自己定下来的规则，但也不想破口大骂孩子。

不少家有幼儿的父母也经历过以上类似的不合作情况，孩子不愿遵守最开始定下的规则，有时还发脾气，这个情景在街上发生是令人尴尬无比的。在这里，我们也可以用<u>描述孩子的情绪与想法的方法</u>作响应。

**正面语句例子**

孩子："我不走！我要继续玩。"
妈妈："但真的没时间了，我们说好下午三点要离开的！"
孩子："但我还没有玩完呀……"
妈妈："妈妈知道你很想多玩一会儿。"
孩子："对呀……"
妈妈："现在要走，如果我是你也会感到失望，你有这种感觉吗？"
孩子："对……我好失望。"
妈妈抱抱孩子，并说："下次再有时间，你会想再来吗？"

在这个例子里，妈妈没有强行改变孩子，而是用了<u>正面响应的技巧</u>，说出孩子的想法与感受，并尝试把自己代入孩子的角色，描述"<u>如果我是你……</u>"的感受。孩子想继续玩并且感到失望，是当下正常的想法和情绪反应，孩子不愿遵守原本的规矩是不对的，但他的失望却不是错的。如果我们强行改变孩子，孩子的失望就会化为大哭与发脾气，我们将会需要更多的时间去处理。而通过<u>正面响应情绪的技巧</u>，把孩子的不合作转化成被理解，就有机会令孩子与我们合作。

| 孩子的说话 / 情况 | 否定 / 忽略的响应 | 正面响应情绪与想法 |
| --- | --- | --- |
| 在不如意时表露出不开心的样子 | 其实有什么好不开心 / 有什么好生气的？ | 你看起来好像不开心…… |
| 只看到孩子不高兴但不知原因 | 你又怎么了？一切都没有问题呀！ | 我看到你好像不高兴了，是吗？ |
| 我想继续玩，我不要走 | 再不走就以后都没得玩！ | 妈妈 / 爸爸知道你很想多玩一会儿。 |
| 孩子不愿意遵守一开始订下的规则，如游戏时间 | 说好了到时间就要停！ | 我也知道，现在要停下来是会令人感到失望。 |
| 孩子大哭了 | 不准哭！男孩不可以哭的！ | 妈妈 / 爸爸知道你很伤心。抱抱孩子说："我明白的"。 |

> **正向回应 checkpoint**
>
> 孩子表面的脾气与不合作，背后往往包含情绪；响应情绪，比把重点放在脾气与不合作的行为上更容易化解情况。

## 2.3 第三步：让大孩子学习说出自己的情绪

随着孩子长大，我们不会永远停留在说出他们感受作响应的第一步阶段。而在第二步，如果孩子说不出自己的感受，或不愿意说出感受，我们就以正向方式响应孩子。当孩子开始长大，我们就要让他学着说出自己的情绪。而对于上了小学高年级或初中的孩子，我们要做的则是给予<u>非批判性（non-judgmental）</u>的空间用以谈情绪。

在幼儿长大的过程中，我们只要多走一小步，就可以从正面响应中让孩子学着说出自己的情绪。在刚才第二步孩子不愿离开的例子中，妈妈用了"<u>如果我是你</u>"的技巧后，她问了孩子一个问题：

> 妈妈："现在要走，如果我是你也会感到失望，你有这种感觉吗？"
> 孩子："对……我好失望。"

这个问题，除了想确认一下我们描述孩子的感觉是否准确外，也是引导孩子把自己的感受说出来的过程。当我们响应孩子的感受后，可以用问题引导孩子把自己的感受说一遍，如"你有这种感觉吗"，有些孩子会只回答"有"，如果是这样，我们可以再问"是怎样的感觉／感受呢"，让孩子把感受说出来。我们在生活上多运用这个方式，即使我们不故意鼓励孩子说出感受，他们也会慢慢地习惯说出感觉。当我们知道孩子可以把自己的感受说出来之后，一旦他们有负面情绪或不合作时，我们的响应就可以给予他们更多空间，如"你看起来好像有点情绪"，然后耐心等待孩子自行说出自己的感受。

孩子不害怕说出自己的负面感受，把与爸爸妈妈谈情看作舒服与减压的方式，让负面情绪有健康的出口是我们的最终目标，这也是我们强调要与孩子的情绪走在一起，让孩子可以自行说出自己的感受的原因。

**正向倾听重点**

引导孩子把自己的感受说出来，长远来说可帮助孩子运用交流减轻情绪压力！

对于较年长的大孩子，即使与父母关系良好，遇到负面情绪时，也可能不想在当下说出来。对于大孩子，我们要做的是给予非批判性（non-judgmental）空间用以谈论情绪，实施起来怎么做呢？特别是孩子看似不想说下去，我们还可以如何表达出"空间"呢？

**NG 例子**

澄朗是个五年级的男孩，今天他放学回家，脸上没有了平日的笑容。

妈妈："你今天怎么了？"

澄朗："没事。"

妈妈："为什么是这样的表情？"

澄朗："我都说了我没事！"

在先前澄朗的例子中，妈妈其实知道儿子不开心，而儿子似乎不愿在那一刻讨论，但她却响应了"为什么是这样的表情"。就如第一步谈到不接纳时，这里的"为什么"就有不接纳孩子答案的意味。当青春期孩子在外面遇到挫折，我们看到他面无表情，甚至"板着脸"，可能会很想问"为什么"，或是误以为子女对自己不满而说出责怪的说话，但这样说就阻碍了孩子和我们的沟通空间。在这里，我们可以参考先前描述孩子的情绪，再给予非批判性（non-judgmental）空间的方式响应孩子，让大孩子在准备后，愿意向你说出自己的情绪。

**正面语句例子**

妈妈："你今天怎么了？"

澄朗："没事。"

妈妈："你看起来没有了平日的笑容呢……"

澄朗："……"（低下头，没有回答）

妈妈：（吸一口气）"不要紧的，你什么时候想说，妈妈会随时准备听的。"

澄朗："好吧……"（点点头，回到自己的房间）

在这种情况中，当澄朗说了"没事"后，妈妈以<u>描述她看到孩子的情绪作回应</u>（你看起来没有了平日的笑容呢……）。孩子感受到妈妈知道自己不开心，虽然他没准备好说出来，但也没有了先前带有反感的反应。于是妈妈再<u>给予非批判性（non-judgmental）空间</u>，说出"不要紧的"，让孩子明白自己不是要逼迫他说什么，然后表示<u>自己准备好聆听</u>。妈妈为什么在这里吸了一口气呢？因为其实她也担心孩子，要放弃当下不追问，也先要把自己心里的不安定放下来，这也是我们要在第四步"不做过分严厉的爸妈　父母情绪篇"中讨论父母自身情绪的原因。

我们的回应不是逼迫青少年期的孩子什么都说出来，也不是想在他的烦恼中添加压力，而是回到最基本的谈情绪目的——希望孩子有健康的情绪出口，留有适当的空间，孩子不怕说出感受的后果，他们在准备好的时候自然就会把烦恼告诉你。

## 2.4 第四步：调教响应的声线与身体语言

调教声线与身体语言是最简单却最难做得好的，先前说的种种方法，如果没有配合恰当的语气和身体语言，效果会相差很远。一般我们和孩子谈情绪，特别是孩子有负面情绪的时候，父母与孩子的情绪很容易形成"乒乓效应"，会因为没有注意当下（be mindful）而不自觉产生负面情绪：如孩子"烦躁"，父母也会紧张与"烦躁"起来，当孩子感受到父母的情绪，他的"烦躁"会变得更严重。

此时，我们的<u>声线、语气与身体语言就会成为平复孩子情绪的关键之一</u>。下面的图表就按照孩子当下的感受，建议一些合适的声线与身体语言：如孩子"烦躁"时，我们要避免使用紧张与生气的语气，免得孩子听我们说话时"越听越烦躁"；我们可以使用<u>平和而肯定的语气</u>与孩子谈论当下的情绪与之后的处理。值得注意的是，肯定（affirmative）的语气，不是温柔也不是凶恶，在孩子"烦躁"或不合作时，我们也不可以太温柔，使孩子听不到我们的告诫，但也不可以凶恶，令情况火上加油。

| 孩子的情绪 | 避免使用的声线与身体语言 | 适宜用的声线与身体语言 |
|---|---|---|
| 烦躁 | 紧张与生气的语气，说话节奏急促 | 平和而肯定的声线，说话速度放慢 |
| 不开心 | 爱理不理的语气，边听边做自己的事，如看手机 | 平和而温柔的声线 |
| 不安/担心 | 过分着急的语气，表现出不安及担心的神态 | 平和而温柔的声线，配合身体接触，如轻抱、摸摸孩子的头 |

在身体语言方面，我们也容易不自觉做一些阻碍我们与孩子谈情绪的动作，如说话时叉起腰，父母高孩子低（父母站起来，而孩子较矮或蹲在地上），当孩子生气或发脾气时以手指指着孩子说话等。

身体语言运用恰当，会帮助我们与孩子谈情绪时事半功倍，也可在孩子发脾气时更有效平复孩子的情绪。不论孩子什么年纪，我们和孩子"谈情"时最好与孩子<u>在同一水平线，身体微微向前倾，手轻轻放在孩子的手臂或背部表示关怀</u>，这是让孩子最容易"听得见"，并接纳你说话的身体语言。

运用身体语言与孩子沟通的佼佼者非英国威廉王子与凯特王妃莫属，只要在网上搜索一下，就不难看到他们与孩子说话时的身体语言。威廉王子的孩子不时在公众场合有情绪，身为父母的王子和王妃常会以身体语言表达接纳与关怀，与孩子在同一水平线沟通，虽然我们听不到他们说什么，不过可以看到孩子们的情绪很快平复下来，并感受到父母对孩子情绪的关怀。

> 与孩子谈失败，是接纳失败而不损自信的法则。

希望孩子能接纳失败而不气馁,是近些年不少父母常关注的题目。我们都担心孩子太脆弱长大后经不起挫折,但当孩子经历失败时,我们又不知道如何与孩子交流,才可以把失败的经历转化成正面的经验。回应孩子失败的经历时,我们很容易掉进<u>"响应盲点"</u>,如安慰孩子"下次不会再失败""不出错就没问题",这些响应其实不能帮助孩子面对害怕失败的感觉,甚至间接影响孩子逃避可能会失败的情况。当我们与孩子谈失败时,不是要他们不出错,而是希望他们可以接纳错误与相关的感受,并有勇气改善及尝试。

我们回到这一章开始时提到的俊希,他因为试过上课答错问题而害怕出现类似的情况,而他也没有把这个问题告诉父母,只是老师发现了并告诉妈妈。妈妈如何入手与俊希交流这失败的经历呢?

**正面语句例子**

妈妈有一天和俊希看了一部动画片,里面的孩子也在上课时说错话。

妈妈:"俊希,你有过和主角一样在大家面前说错话的情况吗?"

俊希看着妈妈:"……好像也有。"

**正面语句例子**

妈妈："那个时候会不会感到害怕呀？"
俊希："会的，很害怕呀！"
妈妈："怕什么？怕别人笑你？"
俊希："怕同学笑。"
妈妈："那他们有笑吗？"
俊希点点头，没有答话。

当我们想和孩子谈失败的经历时，如果孩子的情况不是他自己告诉我们，而是父母从其他途径得知，我们可以选择从故事、动画片等入手，<u>先和孩子一起看与他的经历类似的片段</u>，这个方法也适用于不愿主动提起挫折的孩子。然后就可以与孩子通过谈主角的情况去谈失败。这样做可减少孩子提起经历的抗拒，也可<u>平常化（normalize）</u>孩子对失败的担心与不安。

值得留意的是，俊希妈妈没有在知道俊希有过相近的经历（俊希回答："……好像也有。"）后立即紧张地追问细节（如什么时候发生，哪个同学笑你，当时上什么课），而是继续与俊希谈当时的情绪感受。挫败对孩子来说不是很光彩的经历，如果父母一再追问太多细节，孩子有时候就不愿说下去了。

妈妈与孩子交谈时，有时会发现孩子的失败经历在成长中很难避免，如不小心说错话被同学取笑、考试测验没考好、被老师惩罚等。如果孩子感到介意，我们可以尝试<u>与孩子发掘其他正面角度</u>去理解这些经历。看看以下的例子是如何从不同的正面角度看失败的：

**正面语句例子**

妈妈："你让我想起妈妈小时候呢。"配合微笑。

俊希："妈妈小时候什么事？"

妈妈："也是上课说错话，同学都笑起来。"

俊希："那么你当时怎么样了？"

妈妈："妈妈当时也感到难受呢！"

俊希点点头。

妈妈："我去了问我的好朋友，为什么她也笑我？"

俊希："好朋友也笑你了？"

妈妈："对呀，不过她说，当时只是觉得我有点搞笑，她并没有恶意。"

俊希的妈妈在这里选择了用自己的儿时经历，与孩子解释同学当时笑的原因。当我们尝试运用自己的经历和孩子谈失败时，<u>注意不要当下就强调"妈妈／爸爸也试过，我最后不也是克服了"</u>，这样太快下结论会大大降低孩子的认同感，而他也可能感到自己不能克服的问题更大。当爸爸妈妈运用自己的经历和孩子谈失败时，<u>说出自己也有过相似的感受</u>，才能让孩子理解失败的难受与不安原来不是自己独有的问题，从而降低对失败的抗拒感。

如果孩子感到兴趣并想继续谈这挫败的经历，我们也可以尝试引导孩子自己说出对那次经历的一些新想法。

**正面语句例子**

妈妈："对呀，不过她说，当时只是觉得我有点搞笑，但她并没有恶意。"

俊希："是吗？"

妈妈："我想也是吧……那么，那次事件之后你的同学还有提起那件事吗？"

俊希："没有呀。"

妈妈："你们休息的时候在一起吗？"

俊希："有呀。"

妈妈："你觉得他们为什么没有再提起？"

> 俊希："可能……很快也忘记了，而且每天也有人答不出来老师的问题呢！"

我们与孩子找到不同的角度看失败的经历，并接纳失败的感受，对于孩子将来的抗逆力也会有很大的帮助。如果可以，多在谈失败经历时使用<u>引导式问题</u>，如俊希妈妈问"你觉得他们为什么没有再提起"，而<u>不是把新的想法直接告诉孩子</u>，有助于孩子建立抗逆思维，在将来遇到困难时自行思考用不同的角度看逆境。

> 欣赏过程和努力，让孩子在失败经历中保持自信。

除了和孩子谈失败，我们也希望可以帮助孩子不要因失败的经历而失去自信心。孩子在童年到青少年期，是如何建立自信心的呢？<u>自信心一般是从自身的成就与别人的评价中慢慢建立而成</u>，而孩子的成就可以包括他们现实的表现，如学业、运动、艺术等范畴；别人的评价则更广阔，年幼的孩子会较看重父母与老师的评价，当孩子慢慢长大，朋辈的评价会变得更重要。当孩子在外面遇到挫折，父母的评价也可以帮助孩子在失败中保持继续向前的自信。在俊希的情况中，妈妈的评价如何助孩子保持自信呢？

**正面语句例子**

俊希："我考得不好……妈妈你会不开心呀……"

妈妈："妈妈也会觉得有些可惜，因为我们也有一起努力，对不对？"

俊希点点头。

妈妈："不过看见你那么努力，妈妈也感到很高兴呢！"

俊希："为什么？"

孩子有时即使努力过，如学习、准备比赛、做家务等，也会失手，又或是在比赛中得不到奖项，这些失败的经历都会让孩子感到气馁，或是害怕下一次再尝试，如果我们希望帮助孩子在失败中保持信心，可以<u>欣赏孩子在过程中的努力，给予肯定</u>。这个做法是一箭双雕的，既可以让孩子保持信心，也可以通过肯定使孩子继续努力（鼓励"努力"作为好行为）。因此，俊希妈妈也以"不过看见你那么努力，妈妈也感到很高兴呢"表示自己对孩子努力的认同。在父母向孩子表达认同后，我们也希望孩子认同自己的努力，保持正面态度去迎接下一次的挑战。

**正面语句例子**

俊希："为什么？"

妈妈："因为无论读书，还是做其他事，像是画画，或是运动，努力学习的态度很重要呀！"

俊希："为什么重要？"

妈妈："学会努力，我们距离成功又会近一步！"

俊希微笑。

妈妈："你觉得自己努力吗？"

俊希："有呀，只是刚巧忘记了那几个答案。"

妈妈："而且你还会自己打开书本学习，对不对？"

俊希点点头。

妈妈："所以妈妈说，看见你努力又主动，感到很高兴呢！"

在这里，妈妈再进一步<u>描述自己看到孩子在努力过程中的好行为</u>（孩子自己打开书本学习），也通过<u>引导式提问帮助孩子认同自己的努力</u>（"你觉得自己努力吗"），强调自己看到孩子努力而感到高兴，这种做法可以成功地把孩子原本放在成败得失的负面感觉，引导到正面地看待自己的努力上，并通过父母的欣赏，把这份努力保持下去。

在孩子漫长的学习与挫败中，爸爸妈妈都希望鼓励孩子努力与主动，而不是只着眼于结果的成败，如果孩子保持正面的学习态度，接纳学习时会遇到的高低起伏，就可以把失败转化成正面的经验。不借孩子的失败再一次责怪孩子，向孩子说明父母的爱跨越孩子的成功与失败，你就可以成为孩子面对人生起伏的最佳后盾，让孩子在人生中保持接受挑战的自信心！

# 后记

## 培养正面的孩子，从不怕负面情绪开始

到底如何才能让孩子变得正面呢？这是不少父母希望孩子做得到的事。孩子有自信、不怕失败、少发脾气，是大家渴求的品质，但也有不少孩子的情绪像俊希一样比较敏感，也怕让父母失望。有时候，孩子因怕父母失望和不开心，很多心里的话、担心和生活经历都不跟父母说；而父母和照顾者也怕孩子被负面情绪影响，所以都不说与情绪相关的事。就是这样，孩子的情绪一直累积，一遇到生活问题或是引起情绪的经历，往往情绪反应很大，也需要更长的时间恢复过来。

第一次与俊希和他的妈妈见面时，就感到孩子在妈妈面前，特别是在说起学校的事时会有点吞吞吐吐；当妈妈不在诊室里，俊希反而比较轻松。俊希在后来也说出，怕与父母说起学校的事，不想让妈妈担心，但把自己的感受说出来之后，心中感到好像轻松了一点。而在妈妈看来，她很好奇为什么孩子每次来到我们这里，她总可以听到孩子仔细描述在学校的经历和自己的感受，而在家中却好像很难表达自己。因此，一方面孩子在学习情绪调节，另一方面妈妈也在学习与孩子多做日常性的情绪沟通，响应孩子的种种感受。一段时间后，妈妈发现俊希会把心中想法告诉她，如害怕测验成绩不好等，而妈妈也可以用自己学过的技巧与孩子谈担心与失败。

感受到父母的接纳对情绪敏感的孩子可能才是最好的强心针！俊希有一次说起自己不小心错带上学期的手册回校（当时已是下学期了），但是说起来时他的表情是笑眯眯的，而不像先前那样绷紧。我问他对这件事有什么感觉，俊希笑笑说妈妈笑他是大头虾，他也觉得自己是。看见孩子轻松起来，俊希妈妈也不再担心与孩子谈情绪了。

## 第四步

# 不做过分严厉的爸妈

## 父母情绪篇

## 会诊室中孩子的心事

### 上课不专心、与同学打架的澄朗

澄朗是个5年级的男孩，他的个性比较活跃和冲动，但心地善良，运动能力也不错。他从小到大都被老师认为上课不专心，虽然情况不是很严重，但澄朗的妈妈很怕接到老师的电话。一到放学时，总是对老师会不会打电话过来而感到紧张。

澄朗有好几次在学校和好朋友打架，虽然不是严重地打，只是男孩子之间的玩耍，但每一次妈妈都不是从澄朗口中得知的。

第一次，妈妈是先从同学的妈妈口中得知，再被老师通知；之后，都是老师打电话告诉妈妈。澄朗社交上的问题被老师特别关注后，与老师的关系也越来越差，他经常表现得不愿与老师合作，影响课堂表现，使老师更担心他的情况。

妈妈追问事情发生的经过，澄朗也不愿提起。起初，妈妈非常生气，除了骂澄朗一顿之外，还惩罚他不可以上他最喜欢的运动班。当发生第二次、第三次后，妈妈不只生气，同时也很担心孩子——他会不会从此就经常与同学打架呢？是不是他遇到任何问题都不会告诉我？多年来妈妈扮演了"恶妈"的角色，才能推动孩子学习、练琴，虽然她明白可能惩罚与"恶"没有用，但当面对孩子重复犯错时，一方面难以控制自己的情绪，另一方面也不知如何对孩子说正面的话。

# 1 父母今天说的话会成为孩子明天的内在声音（inner voice）

孩子做错事，父母有时难以控制自己的情绪，我应该做"严厉的爸妈"责骂他吗？

父母的说话方式对孩子的心理健康有直接影响，负面的话会让孩子的内在声音变得负面。

上一章我们谈到孩子失败时如何维持自信心，以及父母的评价对于孩子的重要性，其实父母的话也不是只在孩子面对失败时发挥作用，对孩子的心理发展乃至长远的心理健康也有影响力。因此，在探讨父母自身情绪时，先要明白自己被情绪影响下说出的话，到底会对孩子有什么影响。

回想孩子年幼时，即使还未学会说话，但每学到新事物、发现玩具的玩法，他们第一时间就会看向父母，再看看手上的新玩意微笑——这就是最原始想与父母分享以及渴望得到父母认同的心。这颗心是不会因孩子长大而改变的，不少孩子都希望父母高兴并得到父母的认同，有些人到长大成人，还是会因为得不到父母的认同而感到遗憾，因此，父母的说话与认同，就成了孩子心中的内在声音（inner voice）。

有些人会问，为什么孩子在意父母的认同却又会做出父母不满意的行为呢？孩子做出不理想行为的背后可能有很多原因，有时可能因为小顽皮心态，有时忘记了规矩，有时是自控能力问题等，但孩子做出不理想行为，不等于他们不在意父母的认同。

孩子遇到困难与不安时，心中的声音（self-talk）可能是正面的，也可能是负面的；正面的内在声音帮助孩子克服困难，负面的内在声音令孩子退缩，变得畏惧。如果我们常常批评孩子，孩子更容易感到自卑，他们未必会因父母说的话而讨厌父母，但父母的批评却令孩子讨厌自己，所以即使我们在生活中因孩子不听话而生气了，想一想你希望孩子在遇到困难时，他的内在声音会说什么？是批评他、责备他，还是成为他心中的推动力呢？

父母都不是有心口出恶言伤害孩子的，那些批评或否定也有个中原因。其实父母有很多方法可以处理自己的情绪，减少对孩子生气的机会，这样即使在面对照顾孩子的生活挑战时，也能减少说出让孩子感到受伤害的话。另一方面，在日常生活中多欣赏与赞赏孩子，以正面方式鼓励孩子与我们合作，也会减少孩子让我们生气的"不理想"行为，父母的情绪压力也会相应减轻。

父母希望"说话魔法"有效，与孩子幸福生活，在处理自己的情绪与欣赏孩子这两个方面相辅相成，除了帮助孩子建立健康的心理与改善行为，也可以帮助父母舒缓生活上的情绪压力。

### 正向 checkpoint

- 常批评孩子，孩子更易自卑。
- 常正面鼓励孩子，孩子更积极。
- 常欣赏孩子，孩子更自信。
- 父母的正向说话，成就孩子的正面特质，令孩子与父母都更幸福。

**父母的情绪和言语与孩子的互动关系**

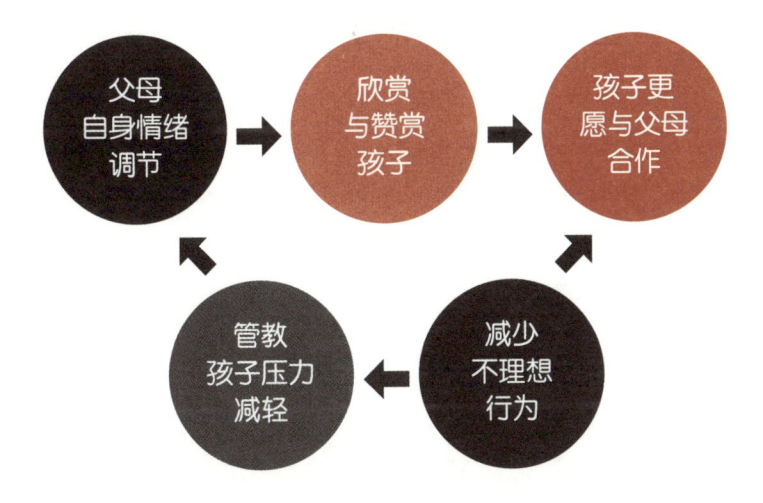

父母自身情绪调节 → 欣赏与赞赏孩子 → 孩子更愿与父母合作 → 减少不理想行为 → 管教孩子压力减轻 → 父母自身情绪调节

## 2 多赞赏孩子可令父母减少坏情绪：说"好话"的沟通技巧

赞赏孩子可以令孩子更"听话"吗？赞赏时有什么技巧？

赞赏的话语是对孩子最好的奖励。

为了让孩子认同父母与"听话"，不少父母都会使用奖励，很多人都误以为奖励是物质性的，如礼物和玩具等，现代有一些奖励比物质性奖励更难使用得恰当，如iPad电子游戏时间，这些不合适的"奖励"都有一个共通点，就是长远而言用得越多孩子就对这些"奖励"越没有感觉，有时一不小心还会造成反效果，如让孩子认为只要自己做完某些任务（如作业）就会有玩电子游戏的时间。

第二步"问题行为正向拆解篇"讨论过实质奖励的运用，这一章我们会讨论非实质奖励——赞赏。对于年幼的孩子而言，父母的赞赏如果用得恰当就是最好的奖励，而对于年纪较大的孩子，父母的赞赏可能不是唯一的奖励，但也是不可缺少的正面推动力。

反之，父母对孩子的赞赏，也可以是照顾父母情绪的良药——多欣赏自己的孩子，可以让我们在遇到管教困难时想起孩子的各种优点，减少父母因为孩子"不理想"的行为而产生坏情绪的次数。赞赏看似简单又复杂，大家也会说赞赏的话，可是有些爸爸妈妈常疑惑赞赏为什么好像没有效，又或是孩子好像不喜欢赞赏，这一章笔者会解答父母对赞赏的疑惑，让孩子感觉到父母的欣赏。

**赞赏的艺术：简单而有描述性**

每个人都会说赞赏的话，但如果赞赏的方式不当会使赞赏失效，我们先看看以下两个例子：

**NG 例子 1**

孩子完成了画作,拿给妈妈看。

孩子:"妈妈,你看!"

妈妈:"好漂亮呀!"

孩子微笑地看着妈妈。

妈妈:"真乖!"

**NG 例子 2**

孩子常常吃饭吃得很慢,今天难得早了半小时吃完。

孩子:"爸爸妈妈,我吃完了!"

妈妈:"真乖!"

而爸爸没有说话,只是点点头并看着手机。

例子1是孩子完成了他喜欢的任务,而例子2是孩子完成了日常做不到的任务。我们可以看到,孩子的好行为(画画与吃饭快了)虽然被赞赏了,但都是<u>概括性赞赏</u>。孩子无论做了什么好行为,父母很容易说出"真乖"这种概括性赞赏。这种赞赏方式对年幼的孩子可能还有些用处,但孩子到了大约4岁后,这种赞赏便开始失效,因为太概括，孩子听不出指向性，被欣赏的感觉也会大大降低。当然，有赞赏比没有赞赏好，我们常常会忽视了孩子的好行为（像例子2的爸爸只是点点头并看着手机），而只是在孩子出现不理想行为时才给予关注（如询问孩子为什么吃饭吃得慢），这间接鼓励了孩子的不理想行为——当想得到父母的关注时便做出惹父母生气的行为。我们如果转为使用<u>描述性赞赏</u>，情况会有什么不同？

**正面语句例子**

孩子完成了画作，拿给妈妈看。

孩子："妈妈，你看！"

妈妈："画得好漂亮呀！"

孩子微笑地看着妈妈。

妈妈："我特别喜欢这只小猫，这应该很难画吧？"

孩子："对呀，有点难画，不过我还是想试试。"

妈妈："觉得难还是尝试了，做得很好呢！"

> **正面语句 例子2**
>
> 孩子常常吃饭吃得很慢,今天难得早了半小时吃完。
>
> 孩子:"爸爸妈妈,我吃完了!"
>
> 妈妈:"今天吃得又快又干净,妈妈真高兴!"
>
> 孩子兴奋地把饭碗收好。
>
> 爸爸:"不只吃得干净,还收好饭碗,能干的男孩!"

<u>描述性赞赏</u>是在赞赏同时描述孩子做得对的行为,在例子1中,妈妈不只赞赏孩子"乖",更以画中画得较仔细的小猫,赞赏了孩子的"用心"。在孩子学习的过程中,"用心"是需要多鼓励的特质,父母看得出孩子的努力,孩子便更感受到父母的欣赏与认同。当孩子说出自己觉得困难的地方时,父母可以把握这个机会赞赏孩子乐于尝试。父母对孩子说"做得很好呢"已是赞赏的响应,如果我们想使用描述性赞赏<u>让孩子知道自己"什么做得好"</u>,我们就可以把孩子做得好的地方加进描述性赞赏当中("觉得难还是尝试了,做得很好呢")。

<u>描述性赞赏向孩子强调了什么是好行为</u>,如在例子1

中，我们不仅希望孩子认为画画是好行为，更希望孩子知道"遇到困难还是尝试"是好行为。而在例子2中，吃饭吃得快当然也不错，但同时我们也强调了干净，只要我们确实指出一些特质是好行为，就可以引导孩子多做那些特质的行为，让孩子变得更主动，比如在例子2中，孩子被赞赏吃得干净后，就兴奋地把饭碗收好。

父母的语言，对孩子来说有<u>引导式提示效果</u>，其中一个有趣的生活现象就是我们常常提示孩子不要做某一些事情（如叫孩子不要开冰箱），他们反而立即再做一次，在我们说"不要做"的时候，反而提醒了孩子做该行为。这原理其实反之亦然，我们在赞赏中提示了孩子好行为，孩子也会更有可能在被提示下而做出相应行为，这就是为什么在儿童心理学中我们强调多向孩子说你想看到的正面行为，而不是只着眼于对不理想行为说"不"的原因，而这也是使描述性赞赏更有效的原因之一。

描述性赞赏示范——不要让"好话"失焦。

明白了赞赏的好处后,相信不少父母都迫不及待想多在生活上运用赞赏,同时也可能会疑惑,如果这么简单,为什么好像不是每个孩子都"接受赞赏"呢?如果我们细心留意自己说的话,"说好话"也会很容易在生活上失焦,使赞赏无效,孩子感受不到被欣赏,也改善不了亲子关系。到底什么原因导致赞赏失效?我们如何避开这些问题呢?

## 2.1 赞赏时不要加上批评,或是提起孩子做不到/做错的经验

最常导致赞赏失效的原因,是我们在赞赏的同时对孩子加了批评。这个现象在比较传统的社会与家庭中都很常见,我们上一代的父母常常会说怕"赞坏"孩子,而在人前也要谦虚,所以赞赏同时常常会加一两句批评,我们容易内化了(internalize)这种育儿的赞赏模式,在生活上应用了而没有意识到。

另外,也有一些父母本着希望孩子进步的心,而把批评的话混在赞赏当中,但这种做法很多时候是吃力不讨好,希望孩子进步也不只有常提起孩子错处这种做法(详情我们在第二步"问题行为正向拆解篇"讨论过),我们一起看看赞赏加了批评会变成什么样:

澄朗妈妈在知道学校的情况后，与澄朗来我的诊所求诊，在澄朗的合作与努力下，他的情绪与社交情况很快就得到改善。后来有一个星期澄朗在学校的表现不错，妈妈接到老师的电话，说起他这个星期没有与朋友争执，也没有和老师不合作的情况。

**NG 例子**

妈妈："听说这个星期你在学校很乖。"

澄朗："是吗？"

妈妈："现在不是很好吗？不用常常跟老师生气。"

澄朗看看妈妈，翻了个白眼。

妈妈："怎么？我说得不对吗？"

澄朗："对……你说得对！"然后回到自己的房间。

澄朗的妈妈原本是想赞赏孩子的，但她的一句"现在不是很好吗？不用常常跟老师生气"又直接把澄朗先前做错事的情景翻出来，这就是常见的使赞赏失焦的说话方式，在赞赏的同时加了对孩子的批评，让这些赞赏听起来更像责怪，孩子感觉不到父母的欣赏，父母也感受不到孩子有被欣赏的喜悦。

当时澄朗的妈妈看到孩子的反应后很迷茫，她感觉到孩子不高兴了，却不知道他不高兴什么，后来她把这个问题带到会诊室咨询，才发现可能自己都不知道自己在赞赏时批评了孩子，其实在妈妈心中，她是真的很欣赏孩子的进步，可是孩子却因听到自己的错事被重提而感受不到赞赏。

| ✘ 赞赏时加了批评的说法 | ✔ 给予孩子正面的赞赏 |
| --- | --- |
| 这次做得不错，不像上次那样！ | 这次（事件）做得不错，越来越进步了！ |
| 现在没有再说谎才是乖孩子！ | 说真话真乖呢！妈妈很欣赏诚实的你。 |
| 这次可以和叔叔打招呼，是不是很容易呢？之前都不知道你怕什么。 | 刚才和叔叔打了招呼，很勇敢呢！ |

## 2.2 赞赏不是为了要孩子做得更多，不宜带有目的性

另一个常令好话失焦的原因就是赞赏另有目的。不少

父母都希望巧妙地运用赞赏让孩子走得更远，虽然赞赏有鼓励好行为的作用，但如果每次赞赏都同时要求孩子做得更多，很快孩子便会知道赞赏背后的目的，赞赏就会因此而失效。这种有目的性的赞赏听起来是怎样的呢？我们试试回到孩子吃饭的那个例子看看。

**NG 例子**

孩子："爸爸妈妈，我吃完了！"
妈妈："今天吃得真快呢，如果天天都这样快就好了！"
孩子："我今天好努力才吃完……"
妈妈："我知道呀！天天都要那么努力就对了！"
孩子低头不语。

在这个例子中，妈妈响应孩子吃得比平日快的行为时，加入了自己的期望（"如果天天都这样快就好了"），但这个期望反而令孩子当下感到失望（"我今天好努力才吃得完……"），孩子原本就吃得慢，而当时可能付出了努力，所以那一天才表现得比平时好，孩子也希望父母会因此而高兴，但当下妈妈就定了一个更难达到的

第四步　不做过分严厉的爸妈　父母情绪篇

期望（天天都这样快），孩子明白自己应该做不到，立刻感到沮丧。这样的赞赏不仅不能鼓励孩子，有时反而会使孩子放弃做好行为呢！

| ✘ 赞赏带目的性，想让孩子做得更多 | | ✔ 先给予孩子描述性赞赏 | ✔ 如果我还想鼓励/推动孩子，可以怎么说？ |
|---|---|---|---|
| 功课做得很好！你再做点练习也没有问题吧！ | | 功课做得很整齐，而且看到你有再检查一遍答案，做得很好呢！ | [给予孩子选择] 你今天还有精神吗？如果有的话妈妈也可以与你一起准备测验。 |
| 今天吃得真快呢，如果天天都这样快就好了！ | 可以转化为 ➡ | 今天吃得又快又干净，妈妈真高兴！ | [正向鼓励] 我们明天也一起好好努力！（配合微笑） |
| 这次成绩不错呢！下次再考好一点来看看吧！ | | 妈妈看得出你这次很主动学习呢！ | [与孩子分享喜悦] 真高兴你的努力有好的成果！ |

## 2.3 平时太凶了，孩子不相信你是在赞赏他

这篇的主题是如何不做过分严厉的爸妈，严厉与赞赏的效用，当然也是息息相关的。当我们希望多赞赏孩子为亲子关系"储养分"，同时也要身体力行改善那份"严厉"。如果在日常生活中很容易对孩子生气，总是凶巴巴地说话，长久下去即使你真心想赞赏孩子某一些行为，孩子也难以相信父母是在称赞他。

在澄朗的情况中，妈妈知道了自己的赞赏方式如何改善后，她再一次尝试称赞澄朗在学校的表现。

**NG 例子**

妈妈："老师说你这个星期在学校很合作呢！妈妈知道你一直很努力地改善自己。"
澄朗瞪瞪眼睛看一看妈妈。
妈妈："什么事……"
澄朗："你真的是想称赞我？"
妈妈："当然呀！"

澄朗妈妈在平日当"严厉妈妈"以外的时间，也是个有趣、健谈的妈妈，在那一次被澄朗问道自己是否真的被赞赏后，她半说笑半讨论地问过孩子的感受，结果孩子直

接告诉她，自己很久没有听过妈妈的称赞了，总是一天到晚都听到妈妈因自己做不到什么而生气，所以当妈妈称赞自己时，还是感到有点错愕。

如果希望赞赏有效，<u>日常与孩子的正面相处也是非常重要的</u>，如果我们留意到从前的自己很多时候都处于生气的状态，当开始运用赞赏的技巧也不要太着急立即收到效果，我们需要时间学习转变与孩子的相处方式，孩子也需要时间适应父母的转变。

# 3 温柔的父母是先天的还是后天的？生气时不责骂孩子的秘诀

有一次参加了一个亲子讲座，讲座后有爸爸妈妈提问的环节，有一个妈妈问我，有时在生活中看到孩子的破坏行为，自己虽然理解孩子的动机与破坏原因，但几乎都是一开口就忍不住责怪孩子，她想知道有没有好一点的处理方式。回答她时我简单提供了一些情绪控制法和与孩子讨论问题的方式，那位妈妈就满有动力地表示可以回去试试。

在讲座的人都散去后，另一位妈妈留了下来，她面有难色地问道，她觉得很多妈妈很温柔，她一直在想这是天生的还是后天的，她自己好像对孩子很严厉，而原本的她不是这样的性格；她特别想问问，听我解释如何与孩子谈论他的破坏时，她想知道那柔和的声线是我天生的还是后天的。我后来把这件事告诉了我的爸爸，他笑了出来，说如果我的声线也算天生柔和，这世界应该没有人不柔和了。

那个妈妈当时说了一句"我觉得自己可能这一生也做不到（温柔的妈妈）吧"。温柔的爸爸妈妈，当然有一些是天生的，有一些人天生好脾气，生活上都没脾气，更何况是对自己的孩子呢？但温柔的爸爸妈妈，也不全都是天生的，有些人练习温柔，也有些人在认知上理解孩子的天性，行动上慢慢变得柔和起来；也有些父母，既不严厉也不特别温柔，但时不时还是会被孩子气到发脾气，事后又内疚起来，毕竟不是所有孩子都是"天使宝宝"，父母也会有自己的难处。

如果我们知道自己在照顾孩子时生气的来源，有更好的方法处理孩子的行为，也有方法调节自己的情绪，生气的次数便会自行减少，愤怒的情绪强度降低了，生气时就可以不责骂孩子，这就是后天的力量，让我们柔和、平静起来。

在犹豫自己能否做得到以不同的形式与孩子相处时，可能我给那位妈妈的答案也适合大家——"我想不少父母的温柔也是后天的，而且还在努力中。不一定要温柔才是好的，平静、平和已经很不错了。"

> 我为什么会生气？动气时怎样控制情绪？

> 动气时先了解自己生气的原因。

　　几乎大部分的父母都曾经在与孩子相处的过程中动气，但不少父母生气的原因不一样，了解自己生气的原因才是让自己好好处理情绪反应的第一步，而不同的原因也有不同的处理方法，在这部分我们会先探讨原因，然后在下一部分探讨方法。

　　为什么不直接讨论情绪控制的方法呢？因为不同的原因表现了当下我们生气是欠缺了哪些元素，处理的方法也会有所不同，更重要的是我们希望更加了解与孩子的互动和父母自己的特质，而不是把父母动气的原因简单归咎于"孩子不合作""爸爸／妈妈脾气不好"这些表征。

## 3.1 原因1：孩子好像听不到我说话，完全不能叫停他们

> 孩子说好了15分钟后把电视关上。
> 
> 妈妈："到时间了，把电视关上吧！"
> 
> 孩子："这动画片快结束了，可以……"
> 
> 妈妈："我说过好多次不可以跟我讨价还价！你给我去罚站！"

其中一个让父母常常生气的原因就是孩子会反复做错某一些行为，或是父母说出指示后（有时还说了很多次），孩子还是没有执行，在这些情况中，我们倾向于重复自己的指令，有时候甚至会不小心立即动气责怪孩子（像例子里的"我说过好多次不可以与我讨价还价！你给我去罚站"）。当与不少父母分析生气的原因时，除了感到孩子好像听不到自己说的话和不合作外，更多的愤怒是来自感到不被孩子尊重，把孩子的行为连接上"孩子根本没有把我说的话放心上"这想法。那个行为如果单独来看可能不是大事，但想到自己不被孩子尊重就是大事了，于是当下就很难不生气。

## 3.2 原因2：管教疲劳

管教疲劳可能来自长时间对着孩子，这个问题在全职妈妈身上常常发生；也可能来自重复处理同一种情况，如一直处理孩子功课的都是爸爸，他也会在孩子出现不合作或问题时感受到管教疲劳。当我们长时间对着孩子或与他一起做相同的每日任务（daily task），父母的耐性与情绪有时候就会消耗过多（burnout），但因习惯生活的规律与紧迫的生活节奏，我们很容易忽略自己的管教疲劳，甚至察觉不到它的存在，往往是到临界点或情绪爆发时，我们才会意识到自己的管教疲劳，但那时可能我们已经发了脾气，或者已经说出了让孩子伤心的话。

## 3.3 原因3：没有意识到自己的情绪在急速转变

在日常生活中，特别是同时要处理超过一件事（multi-tasking）的时候，我们很难留意到自己的情绪波动，也有些时候，眼前的烦恼很大，事情已经占了我们当下的大部分精神（mental resources），我们的头脑没有更多的空间留意当下的情绪转变，这些情况当然也会出现在育儿的场景中。还记得上一章我们提到孩子不愿离开的例子吗？

> 孩子："我不走！我要继续玩。"
> 妈妈："但真的没时间了，我们说好下午三点要离开的！"
> 孩子："但我还没玩完呀……"
> 妈妈尝试"拎走"孩子，但孩子却赖在地上大哭。

这就是眼前烦恼很大，同时既要处理孩子的行为（不愿离开），又要思考如何赶去下一个地方的情况。有不少父母在会诊时都会提及类似的情况，在响应孩子情绪前（上一章提到的重点），他们自己已率先控制不住情绪，所以也很难在孩子不合作时使用与孩子谈情绪的技巧。而共通的是，在分析情况时，大家也会说当时愤怒的情绪来得很快，根本不知道在哪一刻就爆发了。我们有好办法追生气的风，捕"恶"的影吗？

## 3.4 原因4：生气来自对孩子的期望与在乎，并非想让孩子感受到自己的负面情绪

对孩子的期望与在乎，是很多父母对孩子的行为感到生气的原因，也是有时候难以控制自己情绪的原因。我们

对孩子的期望来自把孩子与同龄孩子的表现做比较、来自把孩子"做得到"的经验做比较，也来自父母自己的价值观。在澄朗妈妈看见澄朗放学回家时脸上没有了平日的笑容，妈妈也曾因自己的期望而感到生气：

> 妈妈："你今天怎么了？"
> 澄朗："没事。"
> 妈妈："为什么露出这样的表情？"
> 澄朗："我都说了我没事！"
> 妈妈："但你的样子不像没有事……"
> 妈妈都没把话说完，澄朗就回到了自己的房间并关上房门。

当时妈妈当然担心，同时也很生气，生气什么呢？与澄朗妈妈探讨原因时，妈妈表示"问的问题不回应，还要把门关上，我小时候从来都不敢这样对待父母"，原来她生气的其中一个原因，<u>是自己的价值观里认为不可以不回应父母的提问</u>，而那个价值观却阻碍了她当下理解孩子从学校回来，对自己做错事的担心与失落。

对孩子的期望与在乎是正常父母的表现，期望与在乎不一定是错的，但不一定合适，不合适的期望与在乎有时会让人在着急下情绪更易波动，往往这些情况下父母的生气与脾气其实只是在呈现失望,而不是单纯希望孩子感受到自己的负面情绪。

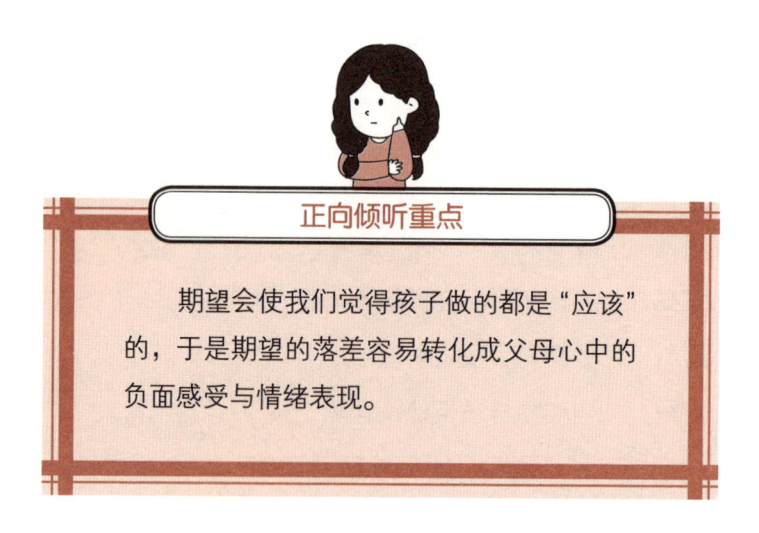

**正向倾听重点**

期望会使我们觉得孩子做的都是"应该"的,于是期望的落差容易转化成父母心中的负面感受与情绪表现。

了解原因后,采用不同的控制情绪方法。

## 3.5 方法1:不用责骂孩子也可以让孩子听到你说的话

我们很多时候把话说了一次,如果对方没有照着做,好像孩子没有听我们的指示一样,我们会重复自己的指令，同时也会提高声调把话再说一次，如果父母用这样的方式，除了易动气外很多时候都收不到效果，有时候真的很严厉很大声，孩子当时可能会停下来，但会感到很害怕，长远而言会让孩子的心理对环境过敏（hypervigilance）；而一直使用这个方法，有些孩子很快便会在行为上不理会父母的指令。如果上一章处理孩子情绪的例子对你的情况来说不够真实，我们看看下面在街上发生的场面，应该不用责骂孩子也可以让孩子听到你说的话的技巧：

**NG 例子**

孩子："我不走！我要继续玩。"
妈妈："但真的没时间了，我们说好下午三点要离开的！"
孩子没听到似的，立即大哭起来，并坐在地上。

　　有些爸爸妈妈会反映，他们的孩子没有那么容易说出自己还想玩，而是一听到父母的拒绝就会哭起来，好像不动气不大声就听不到父母的话似的。我们会先应用<u>体谅孩子的感受，让孩子也有空间处理情绪</u>的技巧试试看。

第四步　不做过分严厉的爸妈　父母情绪篇　149

**正面语句例子**

孩子："我不走！我要继续玩。"

妈妈："但真的没时间了，我们说好下午三点要离开的！"

孩子像没听到似的，立即大哭起来，并坐在地上。

妈妈蹲下来在孩子身旁（缩减与孩子的距离），轻拍孩子肩膀："我也知道你很想玩久一点……"

孩子点头，但还在哭泣。妈妈等待孩子慢慢静下来。

有时候父母生气责骂孩子，可能是因为孩子当下不合作发脾气，不愿听父母的话，如果孩子已经在发脾气了，我们可以尝试体谅孩子的感受，把孩子所想的说出来，在这些情况下，我们越心急越会有反效果，有时大声责骂孩子，孩子本来达不到目的的不快会再次因为被责怪而加强，哭得更厉害，所以那一刻父母的耐心与等待也是技巧之一，让孩子也有空间处理情绪，在等待期间不要说太多话，陪伴孩子反而更容易帮助孩子平静下来。

在这里特别留意，当孩子不合作时，又或是与我们有不同的意见时，我们要运用技巧"让孩子对你say yes"，无论爸爸妈妈说什么，都可以想一想，我这样说孩子会认同或say yes吗？在这个例子中，妈妈说的"我也知道你很想玩久一点……"，不只包含体谅孩子的感受，也是孩子会认同的话。如果孩子一直对你说不（say no），不论是父母还是孩子都只会越谈越生气，不只没法让孩子听到父母说的话，更会让孩子与父母处于对立状态。

让孩子对你say yes不代表我们要照着孩子的意思去做，我们依然会维持应有的原则，只是等孩子情绪开始平静下来，又或是孩子开始认同你说的话时，我们才开始谈原则。

**正面语句例子**

孩子说好了15分钟后把电视关上。
妈妈："时间到了，把电视关上吧！"
孩子："这动画片快结束了，可以……"
妈妈柔和地看看孩子："你说下去吧！"
孩子："可以看完再关电视吗？"
妈妈："你好像很喜欢看这部动画片呢！"
孩子："对呀！"
妈妈："不过今天好像有很多作业？"

> 孩子："也是……"
> 妈妈："其实我也想让你看下去，只是今天我们回来晚了，要做的作业也不少呀！"
> 孩子："唉……"
> 妈妈："明天就是星期五了，我们会有更多时间看电视的，妈妈也想和你一起看呢！"
> 孩子虽然还是有点失落，不过也点点头回到书桌。

在孩子想要看电视的这种情况中，妈妈用了让孩子认同自己的话的技巧（"你好像很喜欢看这部动画片呢"和"不过我们好像今天有很多作业课"），让孩子与妈妈的立场拉近，这个方法不只适合年幼的孩子，在与较大的孩子相处时也可以帮助父母用沟通替代动气。如果孩子的言语理解能力较好，又或是在较大孩子的情况中，我们也可以运用<u>让孩子也明白你的想法与感受</u>的技巧。

比如妈妈说道"其实我也想让你看下去"，同样的，父母的想法可以进一步拉近与孩子之间的距离，让孩子知道父母也不是只谈规则而没有人性化的一面。很多父母因孩子不守规则与承诺而感到生气，那些规则与承诺很多时候也与环境和时间限制有关，但不代表父母就是会否定孩子的兴趣和行为（"妈妈也想和你一起看呢"），同时我们如果也让孩子理解父母的想法，而父母也可对孩子说出自己紧张的原因，彼此生气的可能性就会降低。

你可能会问交流花的时间和孩子要看电视的时间差得不远呢，可是花时间交流也比花时间放弃原有合理的规则好。花时间让孩子听得到父母说的话，无论对孩子的行为与成长，还是对父母处理管教的困扰与正面维系亲子关系来说，都是值得投资时间的。爸爸妈妈要不动气其实也不只靠好脾气，让孩子听得到父母说话，我们有能力<u>以慈爱而肯定（kind but firm）的方式处理生活中的冲突，是不用动气的重要元素</u>。

### 不责骂也可以让孩子听话的四个方法

- 体谅孩子的感受，让孩子有空间处理情绪
  ↓
- 父母的耐心与等待（如果孩子有情绪或脾气）
  ↓
- 让孩子对你 say yes
  ↓
- 让孩子也明白你的想法与感受

## 3.6 方法2：我有管教疲劳吗？我是不是需要休息了？

先前我们提到责骂孩子与生气的其中一个原因来自管教疲劳与压力，过度的管教疲劳与压力容易让人变成"过分严厉的爸妈"。处理管教疲劳的最好方式当然是休息，而休息也分日常安排的休息和在处理孩子问题时需要的"冷静室"。

### 日常安排的休息

这相对比较容易掌握，如不少全职照顾孩子的妈妈或爸爸会认为自己的工作就是处理家事与孩子，很少特意安排休息时间给自己。孩子上学的时候就处理家事，孩子放学后就照顾孩子，忽略了自身休息与减压的需要，而在长期受压下很容易有情绪波动。因此，在日常安排中包含休息时间，并在休息时间中选择自己认为解压的活动是十分重要的。

有时候也有些父母担心因为自己需要休息，而要找其他人短暂照顾孩子，又或是要安排孩子上一些兴趣班是否对孩子不好呢？事实上父母有缓解压力的时间，不会被管教疲劳拖垮，才可以保持平稳情绪面对孩子在生活上的种种挑战；父母自身压力过大，容易在生活中情绪波动，这才更会影响到孩子。同样的，在有些家庭中，父母可能有明确分工，如爸爸负责看作业，妈妈负责与孩子学习，我们也会因长时间与孩子做同一项生活任务而感受到管教疲劳，在适当的时候交换任务，甚至在任务较少的日子尝试让孩子自行完成，也是帮助父母调节管教压力的方法。

### 处理孩子问题时需要的"冷静室"

比起日常安排休息，相信不少爸爸妈妈更想知道的是处理孩子问题时感觉到自己开始生气，再与孩子说下去的话应该很容易"一秒爆发"，可以怎么做呢？澄朗的妈妈有这个疑问已经很多年，由于澄朗经常不能专心，妈妈形容自己与他学习时非常容易"一秒变泼妇"，但当她想离开现场休息，澄朗又不准妈妈离开，是不是有什么环节出错了？

**NG 例子**

妈妈看见澄朗在做数学题时玩橡皮擦。
妈妈："你可不可以专心一点？"
澄朗："我在想答案呀。"
妈妈："你今天做得好慢，我一看就知道你没有专心！"
澄朗："你不是说看书吗？我也看到你不专心在看手机呀！"

> 妈妈："什么？算了，我回房间去！"
> 澄朗："啊……你不是说要坐在这儿，为什么又要走了？"

我们先不评价妈妈提醒澄朗的方法如何，不过可以看得到，妈妈听到不专心的孩子竟然反驳说自己不专心时（"你不是说看书吗？我也看到你不专心在看手机呀"），其实是在生气爆发的临界点，但当妈妈想离开，孩子又不想让妈妈离开。<u>在混乱中告诉孩子你需要休息是需要技巧的</u>，即使是年幼的孩子，如果感到父母生气了而又要离开当下的现场，都会产生一种不安的感觉。如果一言不发就离开了，孩子会感到不安、害怕，可能会产生更多情绪与脾气，这个情况在会诊时，见过3岁的孩子有这样的反应，也见过13岁的孩子有这样的反应。

**正面语句例子**

> 妈妈看见澄朗在做数学题时玩橡皮擦。
> 妈妈："你可不可以专心一点？"
> 澄朗："我在想答案呀。"
> 妈妈："你今天做得好慢，我一看就知道你没有专心！"

> 澄朗："你不是说看书吗？我也看到你不专心，你在看手机呀！"
> 妈妈："啊……妈妈有点累呢，我想你也是，我们休息一下再说！"
> 澄朗："咦？好吧……"

在混乱中告诉孩子你需要休息的基本原理，就是要让孩子合理地理解我们要离开的原因。就好像例子中澄朗妈妈提出了大家都有点累需要休息一下（<u>"妈妈有点累呢，我想你也是，我们休息一下再说"</u>），这是正确且可以被了解的事实，当下孩子也看似不能专心，即使妈妈与孩子继续留在现场也未必是好事；另一方面，我们也不是突然离开，没有让孩子感到不安，反而成功避免自己在当下就动气责骂孩子。如果当时与孩子有争执，我们也可以<u>吸一口气说"看来我们还没想到办法，妈妈也要休息一下再想"</u>而让自己在争执现场先退场，冷静过后再与孩子讨论。重点是如果我们知道自己再说下去都不会是什么好话时，就不要等到发火后才去休息，而是在当下就要给自己休息空间。

在日常生活中我们也可以向孩子说明"冷静室"是什么，不只是孩子需要"冷静室"，父母有时也会需要，当我们真的要去"冷静室"休息时,孩子也不会很意外为什么父母要这样做。

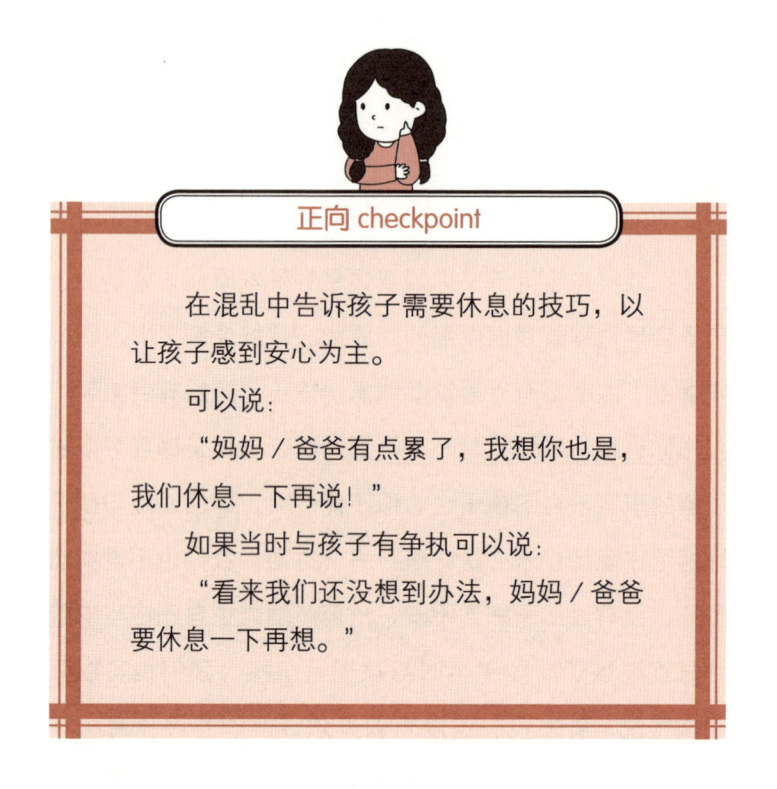

> **正向 checkpoint**
>
> 在混乱中告诉孩子需要休息的技巧,以让孩子感到安心为主。
>
> 可以说:
>
> "妈妈／爸爸有点累了,我想你也是,我们休息一下再说!"
>
> 如果当时与孩子有争执可以说:
>
> "看来我们还没想到办法,妈妈／爸爸要休息一下再想。"

## 3.7 方法 3:善用冷静室的下火小法宝

处理好孩子的期望后,孩子知道父母有时也要去"冷静室",接下来很多人也会问,那我把自己关在房间里做什么好呢?如果我还是一直想着刚才孩子不听话的事,我再回到现场不也还是会怒气冲冲吗？所以，在休息室也有一些小法宝可以让当下还在生气的父母平复心情。

一般而言，我们生气时整个人都会绷紧起来，呼吸也会比平常急促，因此，当下放松身体和呼吸，有稳定情绪的作用，我们可以做简单的<u>呼吸松弛法</u>（有关"呼吸松弛法"可详见"附录"），听一些令人放松的轻音乐，最简单的也可以慢慢地吸气与呼气8~10次（一吸一呼为1次），先让情绪平稳下来。有些时候，可能当我们情绪平静下来后就已经能回去处理孩子的情况。

可是，如果只是情绪上平静下来还不够，父母也可以<u>给自己思想上正面的养分</u>。在照顾与管教孩子的生活中，我们很容易因眼前的困扰而忘记孩子的努力与优点，所以在"冷静室"如有物品可以提示孩子的正面之处，也是缓解压力很好的养分，能够中和我们的愤怒。那些物品可以是你和孩子的相片、孩子送你的小手工又或是生日卡、孩子画的全家福等。这些物品可以唤起父母对孩子的爱，也可以让父母感受到孩子对自己的爱。曾经有一个爸爸对我说，当他对孩子破口大骂后，孩子在客厅哭了，自己回到房间看到孩子写给自己的生日卡时也哭了。

生活的困扰让人一时看不到爱，父母不要等到自己发脾气后才后悔，这些物品可以充当"生活冷静剂"，让爱呈现在眼前，也让我们以不一样的态度面对先前的育儿困扰。

当孩子开始长大，父母可能会发现那些可当作养分的物品少了，我们也可以考虑做一本正向记事本。不少妈妈都在孩子是初生婴儿时做过成长日记记录孩子的转变，但却不常有人会为长大了的孩子做记事本。<u>正向记事本的概念是把孩子的好行为，又或是我们与孩子相处的欢乐趣事记下来</u>，简单的如你和孩子去超市买日用品时，孩子主动帮你拿东西回家。孩子进入小学甚至青春期，可能会更有自己的想法，更容易与父母有不同的意见，正向记事本可以协助父母多留意孩子好的一面，成为我们长期正向的养分，当然也可以在"冷静室"拿出来看，成为一剂带有甜味的下火茶。

| "冷静室"下火茶药方 |
| --- |
| 和孩子一起拍的相片 |
| 孩子的生活影片 |
| 孩子送你的小手工、生日卡 |
| 孩子画的全家福 |
| 日常和孩子写下的鼓励对话 |
| 正向记事本 |
| 任何你与孩子有关的记录／物品 |
| "冷静室"下火茶药方功效：清热降火，甘甜美味 |

## 3.8 方法4：留意自己的情绪转变，在破口大骂前停止自己正在做的事

上一节我们了解到如何准备下火法宝，但有些父母在实行上还是会遇到困难，最常见的困难是生气的感觉来得好快，在几秒之间已经破口而出开始责骂孩子了，找不到退到"冷静室"的平衡点。如果留意到自己有这样的情况，我们可以通过分析以前动气的经验留意自己内在的情绪转变，找出自己的"情绪温度"。

在会诊中，我们常常会以0~10分去衡量感觉的强度，如在0~10分里，我当时有几分愤怒或生气的感觉呢？特别是在自己真的破口大骂前，那时的感觉又会有几分呢？当父母掌握到自己一般大约在某个分数时会有更强烈的情绪反应，我们就会在那个分数之前作为分界点，<u>即表示我们要停止当下的管教，给自己休息的空间。</u>

如当我们发现愤怒情绪温度在7分的时候，常常会开始与孩子越说越激动，那么6分就会是那个表示我们要停止当下管教的分界点。同时，当与孩子意见不合，或是在生活上遇到孩子不合作的情况，我们就知道自己需要检查自己内心的情绪感受，更要注意自己在什么时间停下来。

## 3.9 方法 5：期望调节

最后，有些时候父母可能也需要调节自己对孩子的期望，如果孩子的有些行为你试过用很多方法也不能引导他调整，有可能是在表明孩子其他的需要，如孩子可能真的做不到、孩子需要帮助等。如在澄朗的例子中，妈妈不期望他会是品德良好的模范生，却也接受不了孩子在学校与朋友打架。在责骂、惩罚与妈妈生气的负面相处中，妈妈开始理解到孩子可能是需要学习情绪管理与社交应对，如果一直期望孩子应该要像其他同学一样没有问题，一有问题就紧张地责怪，反而只会增加孩子与爸爸妈妈的情绪和生活压力。当爸爸妈妈把期望调节了，自然会减少对孩子的责怪，孩子反而更愿意与父母沟通。

**正面语句例子**

妈妈听老师说澄朗在课外活动课上好像和另一个同班同学吵了两句，但老师并没过去看，他们问题已经平息了。妈妈想知道发生了什么事。

妈妈："今天课外活动课上好玩吗？"
澄朗："普普通通吧！"

妈妈："我听老师说好像有个同学在课上和你说了一些话呢！"

澄朗："这你也知道……"

妈妈微笑说："没什么的，我只是想了解一下而已，而且听说你都自己解决了。"

澄朗笑一笑："我上次学的方法竟然真的有用呢！"

妈妈："真的？"

澄朗："对呀，所以也没有和那个人吵起来！"

妈妈："那真是太好了！"

在澄朗妈妈调节自己对澄朗的期望后，当她听到孩子在学校发生的事时，她反而会想想孩子是不是有什么需要帮忙或是交流（例子中妈妈对事件的响应是"没什么的，我只是想了解一下而已，而且听说你都自己解决了"），而不是只追问孩子在学校做了什么。她也不要求孩子一下子就变得什么问题也没有，而<u>转成与孩子订立短期目标，把期望拆细</u>，让孩子可以一步一步做得到。

所以我们在这里说的是调节期望，而不是下调期望，父母不一定要放弃原来合理的期望，只是有期望也要有方法协助孩子达成，才不会令期望变成管教与家庭压力。有时生活上要做的林林总总实在太多，我们<u>不小心成了过分严厉的爸妈的其中一个原因就是"希望孩子做得更好"的期望所致，</u>而忘记了当父母等待孩子出世，看着孩子在妈妈肚里一天比一天长大时，我们的期望只是希望孩子健康、快乐，并拥有爱与希望。

### 正向 checkpoint

别让期望成为孩子的压力，也别让期望成为父母的压力。每个父母的初心与原始期望，就是希望孩子健康、快乐并拥有爱与希望。

# 后记

## 妈妈减少严苛说话，帮助澄朗减少坏情绪

澄朗是一个专注力不足的孩子，但靠着他的聪明与妈妈的管教成绩一直还可以，直到澄朗在学校与朋友常发生冲突才正式求诊。澄朗在开始求诊一段时间后才表达出他不太喜欢自己的好朋友，因为好朋友时不时会拿他开玩笑，自己又不知道如何处理，可是他的行为与心态却一直得不到老师和父母的理解，而他也不太习惯告诉其他人自己的想法。因此，除了孩子接受情绪调节与社交应对的治疗外，妈妈与孩子的相处也是当时主要希望改善的问题之一。

这个孩子对自己的事非常上心，他把在治疗中学到的技巧在家中练习，连妈妈也大开眼界，同时也增加了对孩子的信任，并从否定转为多肯定孩子。澄朗有次在会诊中提到妈妈很烦，于是我问他，会不会想让妈妈少烦他一点呢？澄朗想了一会儿，自己也笑了出来，然后说他觉得自己宁愿妈妈继续烦自己，可以看到澄朗对妈妈的重视。

妈妈在过程中也很努力改善自己与孩子谈话的方式，并减少使用严苛的言语对待孩子。可以想象到，澄朗的情

况在他和家庭的努力下很快就有所改善，当情绪与社交压力都有所改善了，孩子就有更多的机会参与他喜欢的课外活动与学习，连带其他方面的表现都有好转。

有一次妈妈向我反映，孩子有一天在乘车时倚在她的肩上，她才发现原来孩子很久都没有这样亲近自己了，可能自己以前真的太严厉了，幸运的是最后大家还可以修复彼此的关系，重新感受到亲子间的幸福！

# 附录一　呼吸松弛法

在前文中我们提到的呼吸松弛法，是简单而易用的平复情绪方法，而且不论在什么情况不需要其他工具辅助就可以做到！

当我们感受到强烈的情绪如紧张、烦躁、生气时，平日学到的理性分析也可能抛诸脑后，但如果平日经常练习简单的呼吸松弛法，即使在经历强烈情绪时，也可以用来平复当下的感受。

成年人在"危急关头"稳定自己的情绪也要靠日常的练习，小朋友就更是需要在生活上多运用，而在日常生活中练习呼吸松弛法，也可以帮助改善生活压力。

在这里我会介绍三种简单的呼吸法，也有与小朋友合用的呼吸法，让大家可以与家中小朋友一起练习与减压。

## 深呼吸练习

**步骤**

1. 先找一个舒适的位置坐下来，双脚着地。
2. 深深吸一口气，在心里数1，2，3，4，5。
3. 然后停一停。
4. 慢慢呼气，在心中数1，2，3，4，5。
5. 重复步骤1~4，大约3分钟。

**提示**

1. 年幼（上了幼儿园）的孩子也可以做这个练习，步骤2与4改为数1，2，3会比较符合幼儿的认知。
2. 起初与幼儿做呼吸练习，孩子做三个呼吸循环就不错了，孩子习惯了可以延长时间。

## 给5~10岁的儿童——小船呼吸法

这是我在临床与生活中都喜欢的与儿童使用的静观呼吸法。不少孩子从5岁开始，既要应付学校作业，又要参加比赛与面试，生活中无形的压力需要出口。这个呼吸法适合在日常生活中天天练习以调节情绪！

**步骤**

1. 请孩子坐／躺下来，把手放在肚子上，合上双眼。
2. 轻轻吸气，感受肚子慢慢向上升。
3. 轻轻呼气，感受肚子慢慢扁下来（重复步骤2~3）。
4. 想象你看到海上有一只小船，当你吸气时小船随着海浪向上升。
5. 呼气时小船随着海浪向下回到原来位置（重复步骤4~5三或四次）。
6. 现在，我们再一次回到肚子，注意吸气时肚子慢慢向上升，呼气时肚子慢慢扁下来；吸气时肚子慢慢向上升，呼气时肚子慢慢扁下来，然后完成练习！

**提示**

有些孩子比较活泼好玩，未必一开始就愿意闭上双眼，其实张开眼睛做也是可以的。同时可以与孩子一起配合用手做出小船升起与下沉的动作，让孩子更易投入！

## 方形呼吸法（适合成人和上小学的孩子）

形状呼吸法是比较简单易明的呼吸法，好处是同样可以通过想象形状使心神从当下的紧张状态中放松下来。父母与孩子都可以使用这个呼吸法，也适合较成熟的孩子。

**步骤**

1. 用手指画正方形，画第一条线，慢慢吸气数1，2，3。
2. 画第二条线，慢慢呼气数1，2，3。
3. 画第三条线，慢慢吸气数1，2，3。
4. 画最后一条线，慢慢呼气数1，2，3。

（重复步骤1~4四次）

**提示**

1. 当熟悉了过程,就不需要再用手指画正方形,在脑里想象就可以。
2. 在家中可天天练习,习惯在脑中想象画出正方形,在生活上有需要时会更容易使用。

# 附录二　正向金句卡

你今天这样主动（好行为：如做作业/做家务/收拾），妈妈/爸爸感到很高兴！
**作用**：鼓励主动性。

虽然你不太会做这些作业/洗碗/弹这首歌/，
但我看到你很努力、坚持，很值得欣赏呢！
**作用**：鼓励孩子坚持。

你做作业/堆积木/玩游戏不懂时，妈妈/爸爸看到你想办法解决，做得真好！
**作用**：鼓励孩子解决问题。

虽然我们等了很久（可以是等车/等位/排队玩游戏），你还是耐心地等待，真有耐心！
(有时就算什么也没有发生，而孩子也不一定常常做到，也不要忽略孩子的好行为)
**作用**：欣赏孩子有耐心的一面。

（当孩子愿意尝试面对自己害怕的事物）其实妈妈/爸爸也知道你有点害怕，但你也没有离开，真勇敢！
**作用**：我们眼中的一小步其实是孩子的一大步，欣赏孩子的勇气可帮助孩子面对恐惧。

尽管你做错了,但你愿意对爸爸/妈妈讲真话,也是诚实的好行为!

**作用:鼓励诚实**——孩子不会永远不做错事,诚实面对自己的过错才是改进的关键。

---

(孩子发问为什么,或是表示想了解更多后)
似乎你对这个很感兴趣,真好!
或
你这个问题问得很好,我们一起研究一下吧!

**作用:鼓励好奇心**——不少父母反映孩子似乎喜欢打游戏多于好学,当孩子表现出好奇,也要适宜把握机会给予正向回应。

---

爸爸/妈妈知道你很喜欢玩这个游戏(电子游戏),但当你知道时间到了就能把游戏机交还给我,我很高兴!

**作用:欣赏孩子能自控**——电子游戏盛行,不少孩子也不是常常能自控,因此,当孩子做到时宜多给予正面鼓励。

如果你的孩子主动、坚持、有耐心,
愿意学习也有好奇心,无论他做什么,
结果又怎么会差呢?

希望正向鼓励孩子,
最重要是鼓励过程,而非只看重结果。

# 附录三　给父母重温的"正向育儿法"金句

- 正面的关注与赞赏是息息相关的，而且是让孩子行为变得更正面的必要因素。
- **在分离的现场，多说话未必比少说话好，如果想要关心孩子的感受，可以等回家后有需要再讨论。**
- 对于有些不太喜欢被改正或协助的孩子，我们有时也可活用轻松的语言，使父母在提出意见时的气氛变得柔和一点。
- **在介绍可以协助孩子改善行为的物品时，我们可以使用小帮手、好方法这些正面用语让孩子知道我们不是要惩罚他，而是在与他一起解决困难。**
- 不要担心让孩子选择是否会宠坏孩子，让孩子做出选择能使孩子感到生活的自控权(sense of control)大了，孩子反而不用与父母在控制权上争执 (power struggle)，少了一个反叛与不合作的原因。
- **习惯让孩子承担后果除了能帮助孩子从后果中学习，也可以正面培养责任感，不会长大了后还要依靠父母替自己的行为或疏忽负责。**

- 自然后果不是放着孩子不管,而是父母在整个过程中,可以为孩子提供"做得到"的方法与协助,只是最后的结果会由孩子自己负责。
- **每一个行为问题背后都在反映孩子的某些需要,而不是单纯反映孩子的不合作**,这就是我们要使用奖励与辅助的原因。
- 希望好行为增加,我们不只着重取走令孩子出现行为问题的物品与因素,也要按孩子的需要给予辅助和正面鼓励,才能使好行为持续下去。
- **我们想化解孩子对说真话的恐惧,最重要的是让孩子知道责怪与惩罚不是父母的原意**,大家还可以一起找出更好的方式处理做得不够好的行为。
- 正面期望不仅包括我们希望及陪伴孩子做到好行为,也包含我们对孩子能力上的理解与接纳,最重要的是让孩子知道即使他做得不够好,父母对他的爱与支持是不会改变的。
- **当孩子说起自己的感受与不安时,只要点点头给予最简单的响应,就已经能给孩子空间去表达自己的感受,并感觉到父母理解自己。**
- 看见孩子不开心或发脾气,如果我们问"你为什么发脾气了",感觉会是责怪多于我们想了解。

- 即使孩子开始有脾气或哭起来了，描述孩子当下的情绪可以说是成功让你与孩子站在同一阵线的好方法，同时也可避免他们因感到不被理解而发更大的脾气。
- 孩子不害怕说出自己的负面感受，把与爸爸妈妈谈情看作舒服与减压的方式，让负面情绪有健康的出口是我们的最终目标。
- 如孩子"烦躁"时，我们要避免使用紧张与生气的语气，免得孩子听我们说话时"越听越烦躁"；我们可以使用平和而肯定的语气与孩子谈论当下的情绪，与之后的处理。
- 我们和孩子"谈情"时最好与孩子在同一水平线，身体微微向前倾，手轻轻放在孩子的手臂或背部表示关怀，这是让孩子最容易"听得见"，并接纳你说的话的身体语言。
- 当爸爸妈妈运用自己的经历和孩子谈失败时，说出自己也有过相似的感受，才能让孩子理解失败的难受与不安原来不是自己独有的问题，从而降低对失败的抗拒感。
- 如果我们希望帮助孩子在失败中保持信心，可以欣赏孩子在过程中的努力，给予肯定。
- 不借孩子的失败再一次责怪孩子，向孩子说明父母的爱跨越孩子的成功与失败，你就可以成为孩子面对人生起伏的

**最佳后盾，让孩子在人生中保持接受挑战的自信心！**

- 如果我们常常批评孩子，孩子更容易感到自卑，他们未必会因父母说的话而讨厌父母，但父母的批评却令孩子讨厌自己。
- 虽然赞赏有鼓励好行为的作用，但如果每次赞赏都同时要求孩子做得更多，很快孩子便会知道赞赏背后的目的，赞赏就会因此而失效。
- 如果孩子已经在发脾气了，我们可以尝试体谅孩子的感受，把孩子所想的说出来，那一刻父母的耐心与等待也是技巧之一，让孩子也有空间处理情绪，在等待期间不要说太多话，陪伴孩子反而更容易帮助孩子平静下来。
- 爸爸妈妈要不动气其实也不只靠好脾气，令孩子听得到父母说话，我们有能力以慈爱而肯定（kind but firm）的方式处理生活冲突，是不用动气的重要元素。
- 生活的困扰让人一时看不到爱，父母不要等到自己发脾气后才后悔，这些可当作养分的物品可以充当"生活冷静剂"，让爱呈现在眼前，也让我们以不一样的态度面对先前的育儿困扰。
- 当爸爸妈妈把期望调节了，自然会减少对孩子的责怪，孩子反而更愿意与父母沟通。父母不一定要放弃原来合理的期望，只是有期望也要有方法协助孩子达成，才不

**会令期望变成管教与家庭压力。**

- 我们不小心成了过分严厉的爸妈的其中一个原因就是"希望孩子做得更好"的期望所致，而忘记了当父母等待孩子出世，看着孩子在妈妈肚里一天比一天长大时，我们的期望只是希望孩子健康、快乐，并拥有爱与希望。